所谓情商高，
SUOWEI QINGSHANG GAO
JIUSHI HUI SHUOHUA

就是会说话

史雨虹 编著

成都地图出版社

图书在版编目（CIP）数据

所谓情商高，就是会说话／史雨虹编著. -- 成都：成都地图出版社有限公司，2018.10（2023.6重印）
ISBN 978 – 7 – 5557 – 1033 – 2

Ⅰ. ①所… Ⅱ. ①史… Ⅲ. ①语言艺术 – 通俗读物
Ⅳ. ①H019 – 49

中国版本图书馆 CIP 数据核字（2018）第 237919 号

所谓情商高，就是会说话
SUOWEI QINGSHANG GAO,JIUSHI HUI SHUOHUA

编　　著：史雨虹
责任编辑：陈　红
封面设计：松　雪
出版发行：成都地图出版社有限公司
地　　址：成都市龙泉驿区建设路 2 号
邮政编码：610100
电　　话：028 – 84884648　028 – 84884826（营销部）
传　　真：028 – 84884820
印　　刷：三河市众誉天成印务有限公司
开　　本：880mm×1270mm　1/32
印　　张：6
字　　数：136 千字
版　　次：2018 年 10 月第 1 版
印　　次：2023 年 6 月第 5 次印刷
定　　价：35.00 元
书　　号：ISBN 978 – 7 – 5557 – 1033 – 2

前　言

1995 年，美国《纽约时报》专栏作家、心理学家丹尼尔·戈尔曼在其风靡世界的《情感智商》一书中指出，促使一个人成功的要素中，智商作用只占 20%，而情商作用却占到了 80%，情商才是人生成就的真正主宰。

情商是什么？ 情商是一种发掘情感潜能，运用情感能力影响生活和人生的关键因素，是人的情绪、情感、意志等各方面的综合品质，是人在立身立业时不能忽视的特质，也是人必须具备的生存能力之一。

而一个人情商高的具体表现是什么呢？ 就是会说话。 我们无时无刻不在与人打交道，无时无刻不在说话，我们所说的每一句话，都在或多或少地影响着我们与他人之间的关系。

美国成功学大师戴尔·卡耐基曾经说过：“当今社会，一个人的成功，仅有一小部分取决于专业知识，大部分则取决于说话的艺术。”人的一生当中，从恋爱到婚姻，从求职到升迁，从交际到办事……都需要说话的能力。

话说得好，小则可以讨人欢喜，大则可以保身。 远有苏秦、张仪游说诸侯，战国格局为之改变；诸葛亮说服孙权，三国鼎立之势成；皇太极劝降洪承畴，大清夺天下成定局。 近有周恩来出色外交，四两拨千斤；罗斯福之"炉边谈话"，温暖千万心灵。

话说得不好，小则树敌，大则导致失败甚至丧命。《论语》有言，"一言兴邦，一言丧邦"。因一句"此跋扈将军也"而被梁冀毒死的汉质帝就是因言丧命的例子。

我们天天在说话，但不一定就能把话说好。为人处世，大部分在一个人的话语中体现。一件事情是否办成，很大程度上与说话有关；而一句话是否说得恰当，又与一个人的个性、情绪、阅历等有很大的关系。会说话的人可以明确表达自己的意图，能够把道理说得清楚、动听，并使别人乐意接受。会说话的人，其金玉良言被人称赞，绝词妙语被人欣赏。不会说话的人则常吞吞吐吐，含糊其词，甚至可能会造成误会，伤及感情，对人对己都不利。

说话是一种技巧，我们必须熟练地掌握这种巧妙的方法，才能够成功。在说话的时候要认清对方，顾虑别人的感受，坦白率直，细心谨慎。所以，每次说话要根据实际的情况，切不可唯我独尊。因为我们说话的目的是说明一些事情，使人产生兴趣，所以说话要清晰，要有力度。

本书通过大量贴近生活的事例和精练的要点，将实用、常用、具有操作性的说话技巧倾囊相授。高情商的说话技巧，早一天掌握，早一天走向成功；早一天领悟，早一天拥有幸福的人生。

2018 年 8 月

目　录

第一章

情商高，就是说话让人舒服

改变说话方式，让人舒服自然

有些人说话在内容上虽然不占优势，但说话的方式却能给人一种非常迷人、令人舒服的感觉。 每个人都有自己的个性，每一次对话会因为说话技巧的不同而有各种不同的回响、反应。 那么，使对方愿意听我们说话并逐渐进入对话的最佳状态有什么技巧呢？

1. 风格明快

生活中大多数人不喜欢晦暗的事物，即使草木也会向阳生长。 同样，给人阴沉感的谈话，势必会让人感觉厌恶和压迫。反之，说话简洁明快，则更易让人接受。

2. 声音独特

跟有些人说话是一种享受，因为他（她）的嗓音实在是很动人。 他们（她们）说话时，非常注意说话的声音，而这完全依靠他们（她们）的天赋、个性及所要表达的情感而变化。 如果有条件，可以把自己的话录下来仔细地听，你可能会意外地发现，自己说话竟有那么多毛病。 经常这样检查，就会掌握发音的技巧。

3. 语气肯定

每个人都有自尊心，也常常会因为一些事伤害到自尊心。如此一来，你如果在谈话中稍不注意说话的方式方法，他

（她）就会立即反射性地表现出拒绝的态度。 因此，如果你想让对方听你说话，首先得先明白对方要表达些什么。 所谓"说话语气肯定"并不是肯定对方说话的内容，而是要让对方有一种受肯定的感受。

4. 语调自然

自然的声音总是悦耳的。 在交谈中我们应该注意，不管你是什么样的语调，都应自然流畅，故意做作的声音只能事与愿违。 当你与许多人交谈时，应采用以下的技巧：若前面说话的人嗓门很大，你开始说话时就可以压低声音，做到低、小、稳；当前一个人音量较小时，你则需要提高音量，清脆响亮，以引起大家的注意。

5. 习惯用法

人类生存在当今的语言环境中，有一套自己的语言使用标准，一旦不符合标准，就会产生不协调的感觉，其中包括语气与措辞。 与人交往时，有必要根据实际情况或对方是谁而分别使用适当的语言。 如果不分亲疏远近，总是以相同的口吻对待，那么对方将不会老老实实地听我们说话。

"太好了！""好棒哟！""真可怕！"这些一般都是女孩子常用的感叹词。 当然，这也是感情的自然流露。 一句话若没有抑扬顿挫，则过于平淡，引不起对方的兴趣，若能添一些感叹词，就可以活跃谈话气氛。 但要适可而止，过多的感叹词，亦会抹杀言语的重要性，使对方不能理解你的意思。

放低姿态，多说客气话

俗话说："阎王好见，小鬼难缠。"媚上鄙下是世俗社交的规则之一，大家见了"阎王"总是客客气气，见了"小鬼"则是横眉冷对。当然，以媚上态度见"阎王"，受到奉承的阎王自然就会好说话；以鄙下态度见"小鬼"，受到轻视的小鬼自然会让你觉得"难缠"。因此，在办事时，我们应该一视同仁，不要出现尊此抑彼的情况。

每个人都希望得到别人的尊重，所以，任何人都不要以居高临下的姿态行事。

小王一心想移民澳大利亚。有一次，他和朋友在一家饭店中畅谈未来时，被一醉汉打断话题："澳大利亚……澳大利亚有什么了不起的……"这时，小王的脸色大变，还与醉汉吵了起来。

当对方热衷于谈论经验时，你却以怀疑的口吻反问："是吗？"或主观臆断，妄下结论，甚至漫不经心。这种态度当然会影响对方的心情，进而影响彼此间的谈话。

在职场中，许多负责人都有一套自己的经营计划。尽管与现实有一定的距离，很难实现，但却是他们心目中的梦想，也可说是无价之宝。也许，其他人会不以为然。其实，碰到这种情形时，不妨保持愉快的心情，一字一句耐心听完，这既是尊重对方，也是做人的礼貌。

我们日常生活中的用语，因人、因时、因地的不同，而表达出各种各样的信息和丰富多彩的思想感情。嘴巴上尊重对方的关键在于礼貌用语，即：恰当运用敬语、谦语和雅语。

1. 敬语

敬语，亦称"敬辞"，是表示尊敬、礼貌的词语。使用敬语不仅可以表示礼貌，而且可以展现一个人的素养和品质。

我们日常使用的"请""您""阁下""贵方"等，还有习惯用语，如初次见面称"久仰"，很久不见称"久违"，请人原谅称"包涵"，问人年龄为"贵庚"等，都属于敬语的范畴。

2. 谦语

谦语，亦称"谦辞"，是向人表示谦恭和自谦的一种词语。它通常用在别人面前谦称自己和自己的亲属。例如，称自己为"愚""敝人"，称自己的亲属为"犬子""小女"，称自己家为"寒舍"等。

自谦和敬人是一体两面，不可分割。尽管日常生活中谦语使用不多，但其精神无处不在。只要你在日常用语中表现出谦虚和恳切，他人就会同样地对待你。

3. 雅语

雅语是指一些比较文雅的词语。它常常被用于一些正规的场合以及一些有长辈和女性在场的地方。多使用雅语，能体现出一个人的文化素养以及对他人的尊重。

在待人接物时，如果你用茶招待客人，应该说："请用茶。"如果用点心招待客人，可以说："请用一些茶点。"当你提前用完餐时，应环视大家后说："请大家慢用。"雅语的使用不是机械的、固定的，只要你的言谈举止彬彬有礼，人们就会认为你个人修养很好。

换而言之，交往之初的彼此问候，能表现出对对方亲切的感情，有利于增添友好的气氛和促进双方的沟通。一般而言，年轻人应主动问候长辈，下级应主动问候上级，男同志应先问候女同志。问候时目光要注视对方，面带微笑，语调清晰、温和，切忌表现出一副盛气凌人、心猿意马的样子。

在交谈结束、彼此告辞时，交谈者可以表示期待再次相见的想法，为进一步相互了解做好准备。告辞时态度要谦逊、诚挚，不要趾高气扬，临走时说声"后会有期""您慢走，您走好"等均可。

做到说话时尊重对方，还要注意以下四点：

1. 不打断对方

大家都有说话的权利，先听别人讲，尽量控制自己，不要打断对方。一个好的倾听者往往更易让人接受与认可。

遇到烦心事时，每个人都有倾诉的欲望，在对方向你倾诉的时候，尽可能让你的思维紧紧跟着对方的诉说走。学会理性地善感，即忧他而忧、乐他而乐、及他所需。这种时候，往往还需要眼神和肢体语言的配合，为了给予对方支持，还要不时地点头示意。必要的时候，要向对方温柔地发问。

别人说话时，要做到聚精会神，不要做小动作，不要走神。时时向窗外观望，或低头只顾自己修剪指甲，或面露不耐烦的表情，这些都是不礼貌的，都会让对方对你产生反感心理。

不要介意他人的个性化的说话特点。有些人说话时爱眨眼睛，有些人说话时爱带口头禅，有些人说话时爱手舞足蹈。对此，你不必介意，集中注意力听对方所说的内容，尽可能从对方的谈话中提取信息，并尽可能充实自我。

打断谈话实在不是明智之举，对方和你都会因此而变得紧张、急躁。所以，在别人说话的时候，你一定要耐心倾听和等待。等人把话讲完之后，你再作一番总结，表示你刚才确实在认真聆听，然后再发表自己的看法。如此一来，你会发现你与对方的关系不仅拉近了许多，也轻松了许多。

2. 不补充对方

真正容人的人会给别人表达意愿的机会和权利。交谈的基本技巧是耐心倾听。

有些人好为人师，总想显得技高一筹，但那样只会让别人失去面子，从而对你产生反感心理。出现这种问题，主要是因为自我中心主义。

3. 不纠正对方

只要不是原则问题，不要随便对他人妄加判断。

"十里不同风，百里不同俗。"不同社会背景的人对同一问题，得出的结论未必一致。一个真正有教养的人懂得尊重别人，尊重对方的选择。除了大是大非的问题必须旗帜鲜明地回答外，对人际交往中的一般性问题不要随便争论，妄加评判。因为，对或错是相对的，很难说清。

所以，大家要记住：从心理上接受别人。每个人的受教育程度不一样、职业背景不一样、考虑的问题也不相同，不要以自己的是非判断标准框定别人。

4. 不质疑对方

不要随便对别人所谈的内容表示怀疑。质疑对方，实际上是对其尊严的挑衅，是一种不理智的行为。人际交往中，应谨记这一点。

古语说得好："兼听则明，偏听则暗。"如果唐太宗不认真纳谏，进行自我批评，怎么可能出现"贞观之治"的繁盛景象？如果达·芬奇置老师的批评于不顾，怎么可能成为世界著名的画家？所以，要学会接纳别人的观点。

此外，在说话时还应注意避开以下几个方面，这样才能做到真正尊重对方。

1. 避隐私

隐私就是不可公开或不必公开的某些情况，如秘密或缺陷等。在高度文明的社会中，尊重他人的隐私是必要的。因此，在言语交际中，避谈避问隐私是一种礼貌。比如，欧美人一般不询问对方的年龄、职业、婚姻、收入之类的问题，否则，会被认为有失礼之嫌。

俗话说："打人不打脸，揭人不揭短。"每个人都有自己的弱点和不足，相信这个世界上如果每个人都把他的想法、行为如实地呈现出来，那么，没有人能有面子地活下去。隐私权是人的基本权利，所以，人际交往中要力避揭人隐私。

2. 避浅薄

浅薄是指不懂装懂，教诲别人或讲外行话，或者词不达意，只知柴米油盐、鸡毛蒜皮、男婚女嫁，言辞单调，词汇贫乏，语句不通，白字连篇。如果与浅薄者相遇，有教养、有知识的人听他们说话，实在是受折磨。社会、自然是知识的海洋，每个人都不可能诸事皆知，因此要保持谦虚的态度。

3. 避粗鄙

粗鄙是指言语粗野，甚至污秽。上溯祖宗，旁及姐妹，下连子孙，遍及两性，不堪入耳。言语粗鄙乃交际之大忌。

4. 避忌讳

忌讳是人类视为禁忌的现象、事物和行为，避讳之词与所代之语有约定俗成的对应关系。社会通用的避讳语也是礼貌用语之一，为避免伤害他人的感情，应避免触犯忌讳。

牢记对方姓名，好感自然来

在日常应酬中，如果一个你并不太熟悉的人能叫出你的名字，你就会对他产生好感。相反，几番接触后，对方还是叫不出你的名字，你便会产生一种疏远感、陌生感，以至于对对方产生心理隔阂。当你记住别人的名字时，同样如此。细节决定成败，做好了这个细节，你会更加受人欢迎。

莎士比亚曾经说过："还有什么是比我们自己的名字更悦耳、更甜蜜的文字呢？"自己是独一无二的，自己的名字也最动听。人际交往中，你牢记别人的姓名、生日、各种喜好等细节，就表示你在乎对方。这不仅有利于建立良好的人际关系，而且会帮助你成就事业。

美国前邮务总长杰姆在46岁时当选民主党全国委员会主席。他善记人名，他的最高纪录达5万个。

美国前总统罗斯福亦是如此。每当有客人拜访，他就让助手将对方甚至对方司机的名字、爱好整理好后交给自己，提前背下来。会见时，他会直呼其名上前相迎，给对方留下深刻印象。会见结束后，罗斯福又坚持送对方上车，目的只是与司机握手，亲切地叫着他的名字。这让司机激动不已：美国总统都知道我的名字！他不会知道，这只是罗斯福在几分钟前背下来的，虽然可能过了这一阵儿又会忘掉，但司机永远记住了：总统都知道我的名字。

在一次宴会上，罗斯福看见席间有许多陌生的面孔，便找到一个熟悉的记者，从记者那里了解每个人的信息。然后，他主动和他们接近，并叫出了他们的名字。当那些人知道这位亲切的人竟是著名政治家罗斯福时，大为感动。

叫出别人的名字，可以赢得对方对你的喜欢和重视；重视别人的名字，会给你带来出乎意料的回报。

在现代化管理中，每个管理者都应该知道自己的每一个职员的名字。事实上，做好这个小细节，往往能起到意想不到的效果。

一次，美国一家电器公司的董事长宴请公司的代理商和经销商，董事长私下让秘书按每位来宾的座位依次记下对方的名字，这样，当董事长在饭桌上与每位老板交谈时，就可以随口叫出他们的名字了。这让每个人都既惊又喜，深为感动，生意也自然顺利谈成了。

在现实生活中，我们都希望被别人重视，那么，就应该先学会重视别人。而记住他人的名字，则是简单易行又收效甚大的方法。

记住对方的名字不仅是一种基本的礼貌，而且是一项人际交往的技巧。对于轻而易举地记住自己名字的人，我们会顿觉亲切，有一见如故之感。

国外一家著名酒店，接待的是社会上等名流。其实，这不是真正显示其档次之高的举动。 当你第二次到该酒店时，服务员就会主动说："某某先生，欢迎您第二次来到我们酒店。"如此服务才是其档次之高的体现。

记住别人的名字，说起来简单，做起来却很难。 但只要你掌握了记住别人姓名的技巧，你就拥有了一个重要法宝。 因为，对一个人来说，自己的名字是世界上听起来最亲切、最重要的声音。 这可以成为结交朋友、洽谈生意、得到新的合作伙伴的通行证，而且这能产生立竿见影的效果。 那么，怎样才能记住别人的名字呢？

1. 事前做好准备

参加活动之前，提前对这些名字和头衔有所了解，再次听到它们时，就会很快回想起来。

2. 初次见面时要集中精力

假如在第二次与人见面10秒钟后，你还不能叫出他人的名字，那就可能是因为你与其初识时注意力不够集中。 如果你对他人的自我介绍不甚清楚，可以麻烦他重复一次。

3. 特别注意

在大型聚会上，你应该预定目标。 因为，你不可能记下所有人的名字。 如果你告诫自己"我必须记住头发特长的那个人的名字"，你就会记住它。

4. 脸庞形象化

死记硬背所记住的名字，或许转眼就会忘掉。 但假如你把他的名字和脸庞形象化，便会牢记于心。 具体办法是：初次见面时，要聚精会神地凝视他的脸庞，看他是否有与众不同之处。 例如，头发和五官等的特点。 从这些特点中选出一个，将其形象化后再放到记忆中去。

5. 联想

一旦你已经记住了某人的特点，就可以结合其名字转换成一个难忘的形象，这个形象越简单越好。 主要的联想方式有颜色联想、年代联想、地名联想、物体联想等。 当一个新名字被形象化后，就要将它配到那个人具有明显特征的脸上。 如果你能使这些形象一一对应，就会轻易地回忆起这个人的名字。 如果碰到极其特别的名字，还可以询问对方名字的含义。

6. 不断重复

认识一个人后，在与他的交谈中，不时地叫出他的名字。 这样，在谈话结束时，这个名字已深记于心，下次见面时一定不会忘记。

现代社会中，每个人都要与人打交道，记住别人的名字对我们大有好处。 一旦你掌握了这个技巧，你也必会被人记住。 记住别人的名字，也许能化解一个不必要的矛盾，化干戈为玉帛，促进一次成功的商务谈判。

记住别人的名字，不仅仅是尊重他人的表现，还是善待生活的表现。 对于一个商人或领导者来说，当你拥有一份属于自己的"名字库"时，你就相当于拥有了一笔无价的"财富"。

以情动人，增强说话效果

　　人是有感情的动物，而语言所负载的意义，除了理性信息之外，就是情感信息。 这种情感信息的内涵十分丰富，不仅诉诸人的理性，而且是能打动人的情感。 "感人心者，莫先乎情。"这就要求我们在说话时，一定要带有真情实感。 所谓情感，就是人对待人或者事所产生的肯定或否定的心理反应，诸如喜欢、愤怒、悲伤、恐惧、爱慕、厌恶等。

　　在人际交往中，话语所饱含的情，会在交换信息的同时产生言语魅力和感染作用，从而取得良好的交际效果。 俗话说："通情才能达理。"列宁也认为，"没有人的情感，就从来没有也不可能有人对真理的追求，只有充满感情的人才能使人相信他的情感是真实的，唯有最真实的生气或忧愁，才能唤起人们的愤怒和忧郁。"这就是说，说话人的话语一定要是内心情感的真实流露，这样才可能产生感染力、影响力和号召力。 美国黑人领袖马丁·路德·金在林肯纪念堂前进行了"美国给黑人一张不兑现的期票"的演说，其高潮部分是这样的：

　　　　回到密西西比去吧！回到亚拉巴马去吧！回到南卡罗来纳去吧！回到佐治亚去吧！回到路易斯安那去吧！回到我们南方城市中的陋巷和贫民窟去吧！既然确信这种情况终将改变，我们绝不可以陷入绝望的深渊中。

　　　　今天，我对大家说，我的朋友们，即使有各种困难，我仍然有个梦想，这是扎根在每个美国人心中的梦想。我梦想着，有那么一天，我们这个民族将会奋起反抗，并且一直坚持实现它的信条的真谛——"人人生来平等是不言自明的真理"。

我梦想着，有那么一天，充斥着不平等和压迫的密西西比，也能变为自由与和平的绿洲。

我梦想着，有那么一天，我的四个孩子，可以生活在不分种族而是以他们的品行来判断他们的价值的国度里。

我梦想着，有那么一天，在黑人活动被种族主义者横加干涉的亚拉巴马州，就在种族歧视依然猖獗的亚拉巴马州，黑人儿童将能够与白人儿童如兄弟姐妹一般携起手来。

我梦想着，有那么一天，沟壑填满，山岭削平，上帝的灵光大放光彩，芸芸众生共睹光华！

这就是我们的希望！这是我们返回南方时所怀的信念！依靠这个念头，我们能够把绝望的群山凿成希望的磐石。能够将种族不和的喧嚣变为一曲友爱的乐章。怀着这个信念，我们可以一同工作，一同祝福，一同奋斗，一同入狱，一同为获得自由而斗争。坚信吧，总有一天我们会自由……

在这段演讲中，马丁·路德·金用四段以"我梦想着"为首的排比句式，深情表现了对自由的渴望，语势磅礴。 他殷切盼望种族歧视恶劣的密西西比变成"自由与和平的绿洲"，希望自己的孩子即使种族不同也能得到公正对待，希望黑人与白人的孩子能像兄弟姐妹一样携起手来，和睦相处，由此甚至希望一切都变得公平正直。 作为民权运动的领袖，他道出了千百万黑人的肺腑之言，使得在场的听众激动地呐喊、喝彩，有的悄然流泪，有的失声痛哭。 话语之"情"，出于肺腑，方能入人肺腑，达到以情动人的效果。

人在职场，多说漂亮话

事实证明，仅凭熟练的技能和辛勤的工作已经难以在现代职场出人头地了，大家都意识到了人际关系在职场中的重要性。有前人总结出以下 10 个句型，若能巧妙应用，加薪与升职必然离你不远。

1. 委婉地表达坏消息句型：我们似乎碰到一些状况……

当你得知你负责的一个项目出了问题，千万别慌张，也别立刻冲到上司的办公室里报告这个坏消息，那样做只会让上司怀疑你处理危机的能力，搞不好还会引火烧身。这个时候，正确的做法是用平淡的语气，从容不迫地向上司说出出现的问题。记得态度要从容、镇定，不要使用"问题"或"麻烦"这一类的字眼，要让上司觉得事情并非无法解决，并且你将与上司站在同一阵线，并肩作战。

2. 上司传唤时责无旁贷句型：我马上处理。

冷静、迅速地做出这样的回答，既可让上司感受到你很强的执行力，也表示出你乐意接受上司指示的态度，自然会赢得上司对你的信赖。相反，犹豫不决，只会让上司认为你办事不力。

3. 表现出团队精神句型：某某的主意真不错！

某同事想出了一个连上司都赞赏的绝妙好计，你十分嫉妒，与其拉长脸孔、暗自不爽，不如偷沾他的光。方法就是在上司面前夸奖对方。在这个人人都想争着出头的社会里，一个不嫉妒同事的部属，会让人感觉生性单纯、富有团队精神，因而让上司对你另眼看待。

4.说服同事帮忙句型：这个报告没有你不行啦！

刚接手一件棘手的工作，自己根本无法完成，必须得找个人帮忙，这个时候你就可以对你心目中的人选诚恳地说出这句话了。"非你不可"，充分肯定了对方的能力和重要性，往往会使对方碍于情面而答应你的请求。不过，你将来有功劳的时候别忘了记上人家一笔。

5.巧妙闪避你不知道的事句型：让我考虑一下，三点以前给您答复好吗？

在回答上司的某个问题的时候，即使真的不知道，也千万不可以说"不知道"三个字。本句型不仅可以暂时为你解危，也会让上司觉得你做事认真。不过，事后可得做足功课，及时交出你的答复。

6.智退性骚扰句型：这种话好像不大适合在办公室讲哦！

如果有男同事的"黄腔"令你无法忍受，这句话保证能让他们闭嘴。"开黄腔"是有些男同事常出现的情况，但你很难判断他们是无心还是有意，这句话能让其知难而退，适可而止。如果他还没有闭嘴的意思，即构成了性骚扰，你可以向有关领导检举他的行为。

7.不着痕迹地减轻工作量句型：我了解这件事很重要，但能不能把工作按重要程度来排出优先顺序？

当工作量过大时不能直言推辞，立即拒绝。你可以这样回答，首先，强调你明白这件事的重要性，之后征得领导同意，为新任务与原有工作排出优先顺序。不着痕迹地让上司知道你的工作量其实很大，若没有你，其他事就得延后处理或转交他人。

8. 恰如其分地讨好句型：我很想知道您对某个问题的看法。

有时与高层领导独处一室，不得不找个话题来避免尴尬。虽然很多人对此不免有些紧张，但也不失为一个表现的绝佳时机。 但说些什么好呢？ 每天的例行公事，绝不适合在这个时候搬出来讲，谈天气又不痛不痒。 此时，最恰当的莫过于一个既跟公司发展有关又发人深省的话题。 当他滔滔不绝地诉说心得、发表高论的时候，你不仅获益良多，也会因此让领导印象深刻。

9. 承认疏失但不引起上司不满句型：是我一时失误，不过幸好……

也许错误本身不会使你失去什么，但认错的方式却能影响上司心目中对你的看法。 勇于承认自己的疏失非常重要，因为推卸责任只能显得你软弱无能、不堪重用。 不过这不等于你就得因此对每个人道歉，关键在于别让所有的矛头都指向自己。这时最好的做法是坦然承认并淡化你的过失，转移众人的焦点。

10. 面对批评要表现冷静句型：谢谢你提醒我，我会仔细考虑你的建议。

当自己苦心经营的成果遭人修正或批评时确实非常郁闷。你不需要将不满的情绪写在脸上，但是应该让人知道，你已接收到他传递的信息。 不卑不亢的表现会令你看起来更加自信，更值得人敬重，让人觉得你并非一个刚愎自用或是经不起挫折的人。

说话前，先经过大脑这扇门

王某受好友张某的妻子之托，劝张某戒酒。一天，他碰上张某与几个同事在一起高高兴兴地喝酒，因此马上走过去说："你看你，又在这里喝酒了！你老婆的话，你就是不听，等下喝醉了，又耍酒疯，等着被你老婆收拾吧！"张某一听立刻生气了，指着他，气愤地说："好啊！你算老几啊！我喝酒怎么啦？不关你的事！我就是要喝！你能怎么样？"说完之后，他要了更多的酒，直喝到大醉。可想而知，一场"内战"在所难免。

男人最重视的就是面子，王某当众说张某，张某当然很生气。如果王某在说话之前，先思考一下，语气委婉一点，就不会这样了。

一个新到车间工作的大学生，在与车间主任的一次谈话中说，他大学期间，曾到一个单位实习，该单位技术力量极缺，只有几个技术水平很差的大专生聊以充数。谁料想，该车间主任正是一个大专生，且心狭多疑。车间主任因此认为这个大学生是暗有所指。于是，他记恨在心，在日后工作的各个方面都给予了这个大学生额外的"照顾"，可惜，这个大学生却一无所知。

同样的一句话，听者不同，反应就千差万别。有的人一笑了之，而有的人却认为受到了伤害。因此，这就要求人们尽量避免说一些有伤人之嫌的话。或许这是你的无心之语，却可能给他人造成了莫名的痛苦。谁又愿意看到自己说出的话在无意中伤害他人呢？所以，说话要经过大脑思考，不要信口开河。

在与他人沟通的过程中，我们常常因无心之言惹恼了别人。其实，要想避免说出不当的话，在你说任何话之前，最好先过过脑子。很多人心直口快，根本没想到自己犀利的言辞可能会伤害别人。因此，在话要说出口之前，先想想："如果别人这么说我，我会怎样？""我的批评是有害的，还是有益的？"很多情况下，仔细琢磨一下，就不会说错话了。

某天，弟子匆匆来到哲学家的家里："我要告诉您一个消息……"这时，哲学家打断了他的话，问道："你对我说的消息用三个筛子筛过了吗？"弟子反问："是什么筛子？"

这时，哲学家说道："第一个筛子是真实，它是真实的吗？"

弟子回答："不确定，我是道听途说的……"

哲学家又说道："现在，你用第二个筛子，这个消息是善意的吗？"

弟子为难地说道："不，刚好相反……"

哲学家又打断他的话："那么，你再用第三个筛子，它是重要的吗？"

弟子毫无底气地说："并不重要。"

哲学家说："既然所谓的消息，既不真实，也非善意，更不重要，那就别说了吧！它与我们没什么关系！"

我们常常会碰到这样的情况：在与他人交往的过程中，往往一句话就令人久久不能忘怀，引起人们感情上的好与恶的反应，从而产生持久的影响。"世界上真正伤人心的不是刀子，而是比刀子更厉害的东西——语言。""伤人的话只要一句，毒人的药只要一粒。"这些道理都告诫我们，说话一定要慎重，三思而后行。

人脑被称为"宇宙中最复杂的机器""生物学上的超级电脑"等，要想让语言展现魅力，首先要经过大脑这扇门的筛选。

不管怎样，"听者之意"一直成为众多"说者"的心头之患，原因在于，有些人说话时不经过大脑，惹怒了别人却不自知。

话说出口之前先思考一下，把握好"温度"，切忌脱口而出。此外，在说话时还要注意以下两点：

1. 态度要诚恳、亲切

话语是思想感情的传递，一定要注意自己的神态举止。例如，你祝贺他人时，虽然嘴上说得很动听，但是表情却是冷冰冰的，那么，对方必定认为你是虚伪的。因此，说话时，一定要做到态度诚恳、亲切，才能给对方留下表里一致的印象。

2. 用语谦逊、文雅

例如，称呼对方为"阁下""令尊"等；用"贵姓"代替"你姓什么"，用"不新鲜""有异味"代替"发霉""发臭"。想上厕所时，应该这样说："可以借用一下洗手间吗？"或者也可以说："请问，哪里可以方便？"多用敬语、谦语和雅语，能体现一个人的修养。

一语中的，说话切中对方愿望

人生在世，皆为愿望而活，我们都希望美梦成真。在与人交往时，如果能了解对方的愿望，并在此基础上精心解铃，势必会得到对方的回应。尤其是在劝说别人时，更应注意这一点。

多年来，卡耐基常去离家不远的公园中散步、骑马，以此作为消遣，深得其乐。

每当他看见一些小树及灌木，特别是自己喜欢的橡树被人为地烧掉时，就非常痛心。这些火并不是人们故意引起的，而是由园中野炊的孩子们引起的。有时，这些火蔓延得很凶，以至于必须叫来消防队员才能扑灭。

公园边上有一块布告牌：凡引火者应接受罚款或拘禁。但这布告牌竖在偏僻的地方，很少有人能看见。虽然有一位骑马的警察在照看这个公园，但他经常漫不经心，不认真履行职责。

有一次，卡耐基告诉警察，一场火正在园中急迅蔓延着，让他通知消防队。他却冷漠地回答说，此事不在他的管辖之内。

从此以后，卡耐基总是自愿承担保护公共场所的责任。最初，他没有了解到孩子们爱玩的天性。当他看见树下起火时，就非常不快，立刻阻止他们。他上前警告他们，不许再玩火了。如果孩子们不听他的话，他就恫吓他们，要将他们交给警察。这只是在发泄情感，而全然置孩子们的感受于不顾。

结果呢？孩子们虽然表面上遵从了，但当卡耐基离开以后，他们又重新生火，情况愈演愈烈。

很久以后，懂得了一些人际关系学知识的卡耐基不再命令或威吓孩子们，而是走到火前，向孩子们说道："孩子们，这样很惬意，是吗？你们在做什么晚餐？……当我还是一个孩童时，我也喜欢生火——我现在也很喜欢。但这样做是很危险的，我知道你们不是故意的，但别的孩子不会像你们这样小心，他们过来见你们生了火，也会学着生火，但玩完之后，经常忘记灭火，以致火在干叶中蔓延烧毁了树木。如果我们再不小心，这里就不会有树林了。因为生火，你们可能被拘捕入狱。我不干涉你们的快乐，更希望你们高高兴兴地长大，但请你们即刻将所有的树叶移开。在你们离开以前，要记得用土把火堆盖起来，下次做游戏时，请你们到山丘那边沙滩中生火好吗？那里不会有危险。多谢了，孩子们。祝你们快乐。"

这种说法果然效果显著，它使孩子们产生了一种与卡耐基合作的欲望，没有怨恨，没有反感。他们在承认错误时，保全了自己的面子。他们感觉很好。当然，卡耐基也感觉很好，因为，他在处理这件事情时，对症下药，所以，他达到了目的。

"在与人会谈以前，如果我对于所要说的，以及对方似乎要回答的东西没有一个清楚的观念，"哈佛商学院的一位院士说，"我情愿在办公室外的人行道上踱上两个小时，等我真正准备好了，再进去与之谈话。"

有人认为，人类的欲望是无穷无尽的，有的若隐若现、含糊不清，甚至隐藏得无以察觉。但不管怎样，它确实存在着，我们不能对其置之不理。

作为说服高手，一般情况下，都能清楚地了解对方心中的欲望，对症下药，进行劝说。

杰克的儿子已经到上学的年龄了，他与妻子商量后，决定送他去上学。可是，当夫妇二人准备出发时，儿子却怎么也不愿意去上学。杰克大步走到孩子面前，大声说："你已经到了上学的年龄，必须去上学，赶快准备。"可是，孩子哭得更凶了。杰克看到此种情景，非常恼火，却又无可奈何。这时，妻子劝说丈夫道："孩子是不想上学，你这么训斥他不是办法，只会适得其反。"

妻子心想：假如学校里有什么人或物，能吸引孩子去学校，那就好办了。于是，她走到孩子身边说："孩子，学校里的生活非常精彩，有你喜欢的小朋友，还可以画你喜欢的画，唱你喜欢的歌曲，大家都陪你一起玩，那是多么快乐的事啊！"出乎意料，孩子停止哭闹，认真地问："妈妈说的是真的吗？"

"当然了，妈妈从不说谎。"

第二天一大早，孩子就跑到杰克夫妇的房间，主动要求去上学。

劝说某人时，激烈的言语未必能起到说服的效果，而顺着对方的愿望去说，往往会产生令人意想不到的效果。

哈利·欧佛瑞在《影响人类的行为》一书中写道："行为发自我们的基本欲望……不论在商场、家庭、学校或政治上，那些自认为是'说客'的人，一定要记住：首先要激起别人的欲望。凡能这么做的人，世人必与他在一起，这种人永不寂寞。"

无论在什么场合，与人交谈时都要时刻揣摩对方的愿望，及时说出满足对方愿望的话，这不但会使你成为说服高手，而且会让你更有人缘。

寒暄需要恰到好处

所谓寒暄，是指人们见面时互相问候一下，以示礼貌和关心。 在人际交往中，寒暄必不可少，它可以在初次见面的人们之间，架起一座沟通的桥梁。 由此看来，寒暄是人际交往中不可或缺的一环。

人们见面时打个招呼、寒暄两句，要掌握一定的方法，要把寒暄的话说得动听。

两个陌生人，如果缺少共同的话题，往往会使对话陷入僵局。 打破僵局的有效方法就是寒暄，比如问问工作情况。 对熟识的人，还可以打听一下身体状况。 具体方法如下：

1. 寒暄时要流露出真实的感情

与人初次见面时的寒暄，一定要表现出诚意，不要让别人觉得你在敷衍。

2. 用询问工作进展、身体状况的方式，展开谈话内容

与人见面寒暄时，说话可涉及工作、身体等内容。 可以这样说："最近工作忙吗？ 可要注意身体啊！ 健康才是最重要的，不要只顾工作，而忽视了健康啊！ "这样一来，对方不但能感受到你对他的关心，还可以迅速拉近双方的距离，为进一步交流奠定基础。

3. 依照行动确定寒暄内容

当看到某人下班时，可以用"下班啦"这样的寒暄语。 这

样的寒暄，既大方自然，又能使对方感到亲切，不至于显得唐突。

4.寒暄前，了解对方的基本情况，是十分必要的

人与人之间的交谈，实际上就是感情的交流，而交流则必须以了解为基础。只要事先能把握对方的大概情况，在交谈的过程中，就可以做到因势利导，领悟对方的心思。

每个人都希望他人对自己畅所欲言，达到这个效果的关键，是激起对方的谈话欲，打开对方的"话匣子"，从而引起双方感情上的共鸣。当然，这需要因人而异、见机行事，要看准对方的兴奋点。只有这样，才能占据有利地位。所以，了解对方是十分必要的。

人们都知道谈话气氛对深度交谈的重要性，也知道轻松愉悦的谈话气氛是拉近谈话双方距离的主要方法之一。所以，在与人交谈时，应尽量用轻松、亲和、充满感情的语气与他人谈话，就如同拉家常一样。只有这样，才能在最短的时间内，赢得对方的好感。

适当的寒暄，可以缓和僵硬的谈话气氛，但寒暄不宜过长，要适可而止。因为，寒暄的作用在于融洽谈话气氛，拉近谈话双方的距离，为步入正题做准备。

寒暄语就像是打开谈话大门的一把钥匙，运用得当，就会门庭洞开；否则，就有吃闭门羹的可能。所以，在寒暄过程中，一定要把握度，使寒暄恰到好处，不要影响谈话的主题。

第二章

成功交谈，来自高情商沟通

表达准确，清晰传达意图

有位好学踏实的小伙子与人见面说话时，常常"嗯嗯"声不断，让人听不出所以然；问好声似有似无，让人觉得他木讷、怯懦、胆小、没有朝气。尽管他工作没少做，但是在单位却一直得不到重用，更不用说晋升了。

切记，只有明确地把话说出来，才能给对方传送准确无误的信息。说话时必须吐字清晰、紧扣主题，才能达到叙述清楚、表情达意的目的。

1. 说话要注意前提

说话的目的是交流信息，这里常出现听者能否理解、接受说者所传递的新信息的问题。演说人若想清晰地把自己的想法向听者表达出来，就要把话说明白。因为，只有把话中隐含的信息理解了，听者才会明白是怎么回事。这里所指的隐含信息，就是"话语前提"或称"话语背景"。

如果说话忽视前提、不注意背景，听者就会难以理解其中含混不清的语意。比如，甲对乙说："他出差了。"乙必须知道他是谁才能弄明白这句话，否则就会产生误会。我们知道，不同时代、不同国家及有不同生活经历的人，他们的人生观、价值观、世界观可能迥然不同。同样面对一个新事物，要让他们产生相同的观点，有些强人所难。可见，注意交际中的"话语前提"是必要的。下面是与此有关的一些改良建议：

（1）尽量避免使用语意含糊和易生歧义的词汇

有两个张老师任教同一个班，二人同时有事要找学生C。学生A通知学生C："张老师请你去他办公室一趟。"学生C就会不清楚到底是哪个张老师请他去办公室。 学生A要想表达清楚，就必须明确告诉学生C：找学生C的张老师是教哪门功课的，在哪个办公室。

（2）要表达出足够的信息量让对方理解

比如，甲对乙说："前几天，我在路上看见一个人，十分像你，是你吗？"乙很难回答这么没头没脑的问题。 甲只有在问话中说清具体的时间、地点等必需的条件，乙才能做出明确的回答。 甲应该说："昨天上午，我在唐人街看见一个很像你的人。 你去那儿了吗？ 我看见的人是你吗？"

（3）言语要有逻辑顺序，切忌语无伦次

如果去某公司找一位未曾谋面的人，你最好先做自我介绍，然后再说明来意。 若颠倒顺序，就很可能让人觉得你莫名其妙。

2. 不可忽视的措辞

如果想在交际中给他人留下良好的印象，就必须把言辞说得高雅得体。 如果一张口就粗话连篇、絮絮叨叨或者故作高深、故弄玄虚，即使话题再好，别人也会没有兴致。

我们需要在谈话中注意几个地方：

（1）说话要尽量简明扼要

下属向上司汇报工作时，语言越精练越好。 上司事情多、时间安排得比较紧，哪里有时间和心情耐心地听员工絮絮叨叨、反反复复地说一大堆。 在其他场合，也没有人喜欢说话反复、说不清话的人。 如果你有此类毛病，一定要改掉。 在开口说话前，理清思路是一个好习惯。

（2）不宜过多使用重叠句

在话语中使用重叠句确实可以起到加重语气、引人注意的作用。 但是，话语中时常出现重叠句，会让人觉得幼稚且累赘。 因此，必须改掉这个习惯。

（3）说话尽量避免口头禅

很多人都有口头禅，诸如"没问题""绝对的""岂有此理""我敢肯定"等。 口头禅常常脱口而出，更有甚者，开口不离口头禅，却没料到，自己的口头禅早已成了别人的笑柄，严重损害了自己的形象。

（4）要避免粗俗的言辞

一个本来让人敬仰的高才生，在朋友聚会的时候却粗话连篇，使他的形象大大受损。 其实，这些人并非没有修养，只是他们在追求语言的新奇和俏皮的过程中不自觉地沾染上了坏毛病。 如果你有这种毛病，一定要改。 试想，如果你在陌生人面前说话粗俗不堪，别人会如何看待你？ 对方可不一定认为这是习惯问题，而会觉得你没礼貌、没教养，不值得深交。

（5）用词要富于变化

单调的词汇只能让人产生乏味厌倦的感觉，用语丰富多彩才能让人感到新奇，吸引人们的注意力。

说话还要讲究逻辑上的合理。 先说什么，后说什么，都要安排好。 不然，就会让人觉得颠三倒四、云里雾里。 说话时，可以按照时间先后，或者位置的远近、内外等次序。

变"生"为"故"的说话术

与陌生人讲话，温和友善使人亲近，缺乏起码的礼貌只能使人退避三舍。两个陌生人之间以诚相待，双方谈话的气氛就会逐渐融洽起来。

初次见面交谈，要努力缩短距离，力求在短时间内了解得更多，在感情上更融洽。我国有许多"一见如故"的美谈。要想初次见面就谈得投机，必须在"故"字上作文章，变"生"为"故"。

1.见微知著

交谈前，你应该使用多种方式，尽可能地多了解对方，收集各方面信息。由小见大、见微知著，并以此作为交谈的基础。

白先生初次拜访一位邻居，看见邻居的玻璃板下压有"制怒"二字，猜测他想克服易怒的缺点，就与他谈了一些古今名人制怒而成大事的实例，双方一下子拉近了距离，颇有"相见恨晚"之感。

2.适时切入

看准情势，把握机会，适时插入交谈之中。适时地"自我表现"，能让对方充分了解自己。对方如能从你切入式的谈话中获取教益，双方就会更亲近。

3. 借用媒介物

寻找媒介物，以发现共同语言，缩短双方距离。如你见一位陌生人手里拿着一本厚书，可问："这是什么书，这么厚？您一定十分用功！"对别人的爱好感兴趣，通过媒介物引发他表露自我，交谈也会顺利进行。

如果陌生人比你更害羞，可以先聊聊日常生活中的小事，如天气之类，让他放松心情，以激起他谈话的兴趣。

和陌生人谈话的开场白结束之后，要特别注意话题的选择，尽量避免容易引起争论的话题。为此，当你选择某种话题时，要善于察言观色，发现对方没有兴致时，应立即转换话题。

闲谈：由浅入深，和谐气氛

有的人非常讨厌"闲谈"，他们觉得像"今天天气怎么样"和"吃过早饭了吗"这一类的话题，都是无聊透顶的废话，他们不喜欢谈，也不屑于谈。然而，他们不知道，这类看似没有价值的话题，在一定的情况下，却有很大的作用。什么作用呢？就是为交谈做准备，就像一个人在开始做运动之前，一般都会伸手踢脚、蹦蹦跳跳，做一些热身运动。

"闲谈"带动了交谈。说些看上去好像没有什么意义的话，放松心情，制造一种有利于交谈的气氛。比如，碰面时之所以谈谈天气，正是因为天气对人们生活的影响太密切了。天气很好时，不妨同声赞美；天气太热时，也不妨相互发发牢骚。如果有什么台风、暴雨或是季节流行病的消息，更应拿出来谈谈，因为这关乎每个人的利益。

其实，万事都有开头，就算是交谈这样看似简单的事情也不例外。一开始搭话就想谈得热火朝天，的确需要相当丰富的经验和绝佳的口才。一个人在各种各样的场合，面对着形形色色的人物，仍能做到这样实在不简单。大家都知道，倘若交谈一开始就不顺利，就无法深入交往，而且还会使对方感到不快，给对方留下不好的印象。实际上，谈话也是对自身资源的一次挖掘，是对个人知识水平和文化层次的考验。因此，平时除了留心自己感兴趣的事外，还要多储备一些和别人"闲谈"的资料。这些资料应该是轻松、有趣的，容易与人产生共鸣。

除了天气之外，下面就是一些常用的闲谈资料：

1. 发生在自己身上的一些无伤大雅的笑话

例如，买东西上当、语言上的误会等，大家都喜欢听。如果把别人闹的笑话拿来讲，效果固然一样，但对于那个闹笑话的人，未免有点不敬。当然，如果你不指名道姓也可以。讲自己闹过的笑话、开开自己的玩笑，不但能博人一笑，而且显得平易近人。

2. 健身与医疗，也是人人都感兴趣的话题

谈谈新药、医生及流行病，自己或亲友养病的经验，如何养生……这一类的话题，也许纯粹就是一家之言，但它能引人注意，且有益无害。特别是遇到对方或其家人有健康问题的时候，假如你能向他提供有价值的意见，那么他一定会非常感激你。事实上，任何人都难免会遇到这样的问题。

3. 有关家庭方面的琐碎问题

对于家庭知识，如儿童教育、购物经验、夫妇之间怎样相处、亲友之间的交际应酬、家庭布置……这一切，也会使多数人产生兴趣，特别是家庭主妇们，对此更是有着浓厚的兴趣。

4. 运动与娱乐

夏天聊游泳，冬天谈溜冰，其他如足球、羽毛球、篮球、乒乓球，大家普遍都感兴趣。娱乐方面，像盆栽、集邮、钓鱼、听歌、去哪儿吃美食、怎样过节……这些话题都会使他人感兴趣。特别是有世界著名的音乐家前来表演的时候，或是有特别卖座的好影片上映的时候，这些都是好谈资。

5. 轰动一时的社会新闻

假使你有一些特别的新闻或特殊的意见和看法，同样可以引起大家的兴趣。

6. 政治和宗教话题

倘若你们有着相近的政治见解，或是拥有共同的宗教信仰，那么这些方面的话题就是最生动、最热烈、最引人入胜的。

不要忽视说话的场合和身份

人们常说，"到什么山上唱什么歌"，"什么身份就该说什么话"。《战国策》记载了这样一个故事：

> 卫国有一家人娶新媳妇，这新媳妇一边上马车，一边唠叨个不停："车辕两边的马是谁家的呀？"赶车人说："是借的。"听到这话，新媳妇赶忙对驾车人说："轻点打它，别猛抽那驾辕的马！"
>
> 马车走到婆家门口时，伴娘搀扶着新媳妇下了车，新媳妇又指手画脚地对伴娘说："做完饭，要把灶里余火弄灭，不然，会失火的！"
>
> 刚进门，看见石臼摆在当路的地方，她又连忙说："快把它搬到窗户下面去，在这儿会妨碍走路的！"
>
> 知道这件事的人都笑话她。

从上马车到进婆家门，这位新媳妇，一共讲了三次话，从这三次讲话的内容来看，都是很有道理的，而且非常重要：第一次，嘱咐赶车人不要猛打驾车的马，因为马是借来的，应该好好地疼惜；第二次，让伴娘把做完饭后的余火熄掉，新婚之夜，宾客乱纷纷的，稍有不慎，引起火灾，就不妙了；第三次，叫人将妨碍走路的石臼搬到窗下，以利行人往来。可是，人们为什么要笑话她呢？原因在于，她说这些话时没有考虑具体的场合与身份。 她的三番话，若是在娘家说，人们会觉得她很体贴家人、懂事明理；如果是婚后三天说，人们会称赞她是个持家的好媳妇。 依照旧时的风俗习惯，新媳妇进门三天之内是不能多言多语的，更何况是在新婚之日呢？ 所以，虽然新媳妇的话说得合情合理，但由于所处的场合与身份的原因，受到了别人的嘲笑。

由此可见，时间、场合和身份对说话效果有着很重要的影响。 所以，我们的话语应该与时间、身份相适应，根据不同场合的需求把握力度。 根据不同的情况，我们可将场合分为多种类别，每一类别对说话的风格都有不同的要求。

场合有正式和非正式之分。 正式场合是指公共活动的场所，如课堂、会场、办公室等，在这种场合说话应严谨、公正。 非正式场合是指日常交往的地方和娱乐场所，如家庭、商店、街头、饭店、电影院等，在这种场合说话可以随便一点、轻松一些，平易、通俗、幽默、风趣，但忌摆官架子。

场合还有喜庆与悲伤之分。 喜庆场合一般是指婚宴、节日、联欢会等，在这种场合说话应轻松、明快、诙谐、幽默，有助于营造欢乐的气氛，使人不高兴的话千万不要说。 有个小伙子去参加朋友的婚礼，来宾接受新娘新郎敬酒时，小伙子见身着婚礼服的新娘比平时俏丽得多，便说："你今天真是'面目全非'。"接着，又对新郎说："来，让我们'同归于尽'。"这让宾客们顿时哑口无言。 其实，不光这毛头小伙子说话不分场合，在这方面，梁启超也有过失误。

1926 年，徐志摩和他相恋三年的女友陆小曼结婚，梁启超担任证婚人。因徐志摩和陆小曼的结合是婚外恋的结果，梁启超不甚认同。于是，在致婚礼祝词时，他就教训了他们一番。

他说："徐志摩先生这个人性情浮躁，所以，学问上难有成就。其次，用情不专，以致离婚再娶……从今以后，要痛改前非，重新做人！你们俩人都是离婚而又再婚的人，要痛自悔悟！好好过日子！"

听了这段祝词，徐、陆二人面红耳赤，宾客们也面面相觑，不明白这梁公怎么会在人家的婚礼上说出这么一段话来。

梁启超的婚礼祝词为什么会让大家误解？原因很简单，就是他在致祝词时没有注意区分场合。梁公作为学者名流、徐志摩的前辈，平时劝解徐志摩几句是理所应当的。可是，在人家结婚的大喜之日，当着那么多人的面，说出这种训诫的话来，实在不妥。

有伤、病、亡者的处所称为悲伤场合。在这种场合说话，忌讳很多。比如，去病房探望病人，一定不要说"死""好不了"等听着让人不痛快的话。话虽如此，但很多人都没有将其放在心上。有位朋友就遇到过这样一件事：

一次，她生病住进了医院。其实，也不是什么大病，只不过是有点拉肚子。她的一位同事在她住院的第二天去看她。见了同事，她很高兴，觉得这位同事把她当朋友看。谁知，聊了一会儿之后，她郁闷极了。原来，该同事一直告诉她某某人开始拉肚子，后来一检查是肠癌，不久便去世了。说者本无意，听者却有心。

如何与他人成功交谈

1.放松心情

实际上，人们在日常交谈中所谈论的话题大多没什么特别的意义，不会对彼此的生活产生特别的影响。据专家调查统计，即使谈话气氛非常热烈，多半内容也是无意义的。因此，我们和陌生人闲谈时大可放松心情。只有当心情处于平静状态时，思想的车轮才能迅速转动起来。

2.选择合适的话题

同陌生人谈话，双方既不认识也不了解，如果不注意讲话的方式，交谈起来就会变得很困难。因此，如果能够找到合适的话题，激起对方的谈话欲望，谈话就会自然而然地进行下去。当然，此时的你不要期望对方一开始就热情高涨，善言者总是等到对方产生兴趣以后，才试图从对方那里引导出一些有趣的话题。比如，你可以这样开始谈话：

"请问您是哪里人？"

"请问您来这里多长时间了？"

"请问您是乘飞机来的吗？"

这样的话题，通常能引起别人的兴趣。如果对方是个善谈的人，你们的交谈便可一路进行下去。

3.保持谈话顺利进行

善言者不必太聪明，顺利的谈话不在于你有多少传奇的经历，而在于启发、诱导别人讲话。 值得一提的是，"你"在谈话中是前进的信号，而"我"则是停止的信号。 要设法使谈话迎合对方的兴趣爱好，多用"为什么""哪里""怎么样"等。 比如，当他说"我在山东老家开了家店"时，你不要匆忙抢着说"我在陕西也有两家店铺"，而应该问："具体在山东的哪里？"

4. 谈话切忌以自我为中心

人总会对自己的工作、家庭、故乡、理想等话题表现出浓厚的兴趣。 其实，即使问"你从哪里来"这样一个简单的问题，也能把你对对方的兴趣传达给他，激发对方谈话的欲望。这样一来，交谈当然会更加投机。

不要学某位年轻的剧作家，与他的女朋友谈论了两个小时自己的剧本后，接着说："有关剧本我已经谈得够多了，现在，来谈谈你吧，你认为我写得怎么样？"

5. 适时谈论自己

当别人让你介绍自己时，不要径直推托。 稍微告诉对方一点你的情况，会使他感到十分高兴，因为你是用非常友好的态度与他交谈的。

6. 使用"我也"这个字眼

如果他说："我喜欢听乡村音乐。"你最好回答："我也是。"如果你能多少讲一点有关乡村音乐方面的知识和体验，那就更好了。

如果他说："我喜欢吃冰淇淋。"恰好你也有同样的爱好，一定要想办法告诉他。 如果他说他出生在江南的一个小镇上，刚好你曾去过那里，那你一定要告诉他。

7.忌取笑、逗弄或讽刺

一个人的自尊心会在他人的逗弄或取笑中受到伤害。 因此做任何伤害他人自尊心的事情都是不明智的，即使是玩笑也是如此。 研究显示，人们不喜欢被取笑，尽管是关系很亲密的人。 只有在非常亲密的朋友之间，才可以开一些充满善意的玩笑，因为他们不会追究那些无关紧要的小事。 如果别人非常了解并喜欢你，和他开玩笑当然可以，但仍要把握好分寸。

有礼貌地说话才会招人喜欢

中国素有文明古国和礼仪之邦的美誉，在物质生活极度丰富的今天，更应重视精神文明。在人与人的交往中，如果都能注重文明礼貌，大家的交往就会更加舒畅，进而相处得更加和谐。

能尊重别人的人，亦受他人的尊重。虽然事理不尽相同，但只要我们心怀谦逊，随时注意说声"请""对不起""谢谢"，就能减少很多摩擦和不必要的误会。

你当然明白这些字眼的意义，具体要如何运用呢？

身边的同事上班时，为你倒杯茶，你应该说："谢谢！茶梗还浮在上面，肯定是新泡的吧！嗯！你泡的茶特别香。"对方必是无比欢欣，以后还会接着泡。

曾听朋友讲过这样一件小事：

几个刚从大学毕业的年轻女孩去百货公司购物，在上厕所的时候，正碰到清洁工们在打扫卫生，其中一人随口对那位瘦弱的清洁工说："辛苦你啦！"这位清洁工激动得看着对方说："谢谢！您真是个好人。"

后来，朋友感慨："也许，从她上班那天起，还未曾有人对她说句'辛苦你啦'之类的话，大部分人只想到她是个打扫卫生的工人，地位低下。而一句简单的话，就足以让她感到欣慰。"

有人曾做过一次问卷调查，访问送报者，询问他们工作何时最快乐，其中有 20 人回答称领薪水时最快乐，而有 70 人回答称当顾客说"你辛苦了"时最感欣慰。这也是同样的道理。

我们请求别人帮你做事时，最好说："你辛苦了！因为你的帮忙，让我受益匪浅。"我们如果不知恩图报，反而说："什么，怎么是这种办事效率？既然答应帮忙又为何拖泥带水的？"这么一来，即使对方有意突破困难，助我们一臂之力，也会心灰意冷，心想："谁会再帮这种人的忙？"

其实，不管我们的心情是否愉快，多说"辛苦了""谢谢你"之类的话，总不会惹人厌烦，说不定，看到别人脸上的微笑，自己的心情也会开朗许多。

当我们把麻烦和不便带给别人时，一句"对不起，是我自己不小心"或"对不起，我并非故意的，请见谅"等，便可大事化小，小事化了，不会节外生枝，惹些意外的纠纷。

别人表示感谢时，你说"别客气"，往往代表着你对对方的尊重。若你因你的礼貌、周到而获得别人的好感时，相信你心里也会有惊喜和欣慰。

将语言表达变得多姿多彩

擅长说话的人，总是能流利地阐释自己的意愿，也能把道理讲得比较透彻、动听，使别人很乐意接受，甚至可以从谈话中立刻判断出对方的意图，或从对方的谈话中寻求启示，而且还能通过谈话，加深彼此之间的了解，建立友好的关系。

一些不擅长说话的人碰到的情形则刚好相反。他们说话不能完整地表达出自己的意图，往往让对方费神去听，却又不能使别人明白他们所说的话的意思，这就使交流出现了障碍。

有事情要和别人说，或有事情需要别人合作的时候，说话流利的人总是能很容易达到预期效果。不欢而散是不会说话的人常遇到的结果。

首先，发音要正确。对于每一个字，发音都必须准确、清楚。准确、清楚的发音，可以通过平时的练习、与别人谈话、朗读书报、多听广播来做到。

其次，说话的时候，要使每一句话都浅显易懂，避免使用专业术语。别以为用了这些词汇，就显得自己有学问。其实，如此讲话不仅让人听不懂，而且会弄巧成拙，引起别人对你的误解和疑虑，甚至反感。

良好的交际语言，应该是通过大方、熟练和生动的语言来表达你的意思，让你的话有声有色、扣人心弦。

说话的速度不宜太快，也不宜太慢。快速地说话不仅让对方反应不过来，而且也容易让自己疲倦。当然，说话太慢也是不可取的，这会让人觉得你做事不利索。

"信口开河""放连珠炮"都是不好的说话方式。"信口开河"并非表示你很会说话。恰好相反，这证明你说话缺乏诚意，不负责任。描述一件事或一个人，必须恰到好处。别以为夸大其词可以收到预期的效果，那只会适得其反。至于说话像"放连珠炮"，只会使人厌烦，因为在公共场合说话，你必须顾及周围的安宁，声音不要太大。反之，如果你要公开演讲，就要注意自己说话的声音是否能让每一个人都听得到。

把文字组合起来变成声音就是说话。"话"的实体还是词句本身，运用词句有以下几个原则：

1. 说话越简洁越好

有些人为了展示自己的才干，极力修饰语句，或用重复的形容词，或用西方语言特有的修饰手法，或穿插一些歇后语、俏皮话，甚至引用经典、名人语录。用了许多华丽的字眼，也不一定能达到应有的效果，反而令人觉得浮夸。假如你不认真地听他讲话，还真不知道他在说些什么。

有些人在说话时东拉西扯，语言缺少系统性，也使人听不明白。

假如你说话有上述特点，那么在说话时就要注意，一定要简明扼要。在话未出口时，先在脑子里构思一个轮廓，再按照先后次序表达。

2. 词汇不要重复使用

有时候，一句"为什么"就足矣，而有些人却要说："为什么？为什么？"答应别人一件事，说一两个"好"就足够了，但有些人却说："好好好好……"

重复的词汇，在加强语气时可以用，平时不能乱用。

3. 同样的词句不可太多

某人在解释月球上不可能有生命这个问题时，在几分钟内，把"从科学的观点上说"这句话重复了二三十次。无论是多么显示才华或新颖的词句，词句的价值都会因重复而贬值。

第一次把女人比喻为花的人是机智的，但第二次再用它的人就是愚蠢的了。我们当然不必拘泥于上面所说的，每说一件事都要创造一个新词汇，但重复或纠结于单一的词句，会使人厌倦。

一位幼儿园老师在讲故事时，说到某公主，她说："这公主是很美丽的。"说到太阳时，她也说："这太阳是很美丽的。"此外，说到水池、小羊、草地、高山，也都用"很美丽的"。结果，小朋友们问她："老师，到底哪一个是最美丽的？"她为什么不用"可爱的""柔嫩的""明亮的"等词句来调和一下呢？这样一来，效果就会好得多。

4. 不说粗俗的字眼

古谚道："字为文章的衣冠。"现在我们说："言语为个人学问和品德的衣冠。"相信这没有什么不妥吧！

有些人表里不一，不开口还好，一开口就满口粗俗话，特别低俗，使人作呕。人们对他产生的敬慕之心，也会因此顿然消失。

你可以用幽默有趣的话来表现你的聪明、活泼和风趣，但应尽量避免不雅言论。一句不中听的话，会使别人觉得你卑劣、轻佻和无知。

5. 不要滥用学术用语

和粗俗话一样,深奥的学术用语也不可用得太多,除非你是一个学者,正在讨论学术问题。

如果滥用学术用语,听众就会不知你想表达什么,并因此而以为你有意在他面前夸耀自己的才华。 如果是内行人,则会觉得你很浅薄。

活跃气氛，让沟通更顺畅

1. 来一个小幽默

善意的恶作剧在交谈中会起到很好的作用，能赢得众人的欢笑。 人们在捧腹大笑之时，超脱了习惯、规则的束缚，享受不受限制的"自由"和解除规律的"轻松"，接下来的交谈就会更加轻松愉快。

2. 亮出小道具

陌生人在初见面时也许会因无话可说而陷入僵局，甚至冷场。 这时，可以动用随身携带的小道具。 一个精致的钥匙链就能引发一大堆话题；一把扇子，既可以用来遮阳光，又可以在上面题诗作画，还可以引起众人特殊的兴致；一把小刀，可以让人联想到战争的故事。 所以，不可小瞧这些小物件。

3. 上演拿手戏

成功的交谈应该是每个人都能大显身手、各抒己见、畅所欲言，而不是一个人夸夸其谈，无视听众。

为了让众人畅所欲言，应该寻找能引起大家共鸣的内容。有共同的感受，彼此间才能各抒己见，互相交流见解，气氛才会活跃。 因此，你若是社交活动的主持人，一定要把活动的内容与参加者的喜好、最关心的话题、拿手的好戏等紧密串联起来。

4. 制造亲密接触

有时候，那些看似相敬如宾的夫妻之间也会有矛盾，而平日吵吵闹闹的恋人可能会更亲热。社交也是这样，如果彼此谈得开心，开句玩笑、互相攻击几句，打一拳、拍两下，反而有利于增进感情。

5. 不妨调侃自己

自我解嘲其实就是自己嘲讽自己、调侃自己，即所谓的正话反说。它是一个人心境平和的表现。它有利于营造轻松和谐的交谈氛围，使自己活得轻松洒脱，使人感受到你的可爱和人情味，继而改变对你的看法。在交谈中，适时适度地"自嘲"往往会收到意外的惊喜。

6. 相互吹捧一下

昔日好友久别重逢，亲切感油然而生，如果把每个人的才能、成就做一番夸张式的渲染，就会让朋友们对你产生好感。没有虚伪、奉承之感的介绍和相互夸奖能在短时间内使整个气氛变得格外活跃，使友情历久弥坚。

7. 故意答非所问

交谈中，有些出人意料、表面荒诞实则有意义的问题的插入，可以起到很好的调节作用。

一本正经的言谈举止会让人觉得单调、乏味，也会把交谈变得索然无味。也许有人会时常问你一些荒谬的问题，若你直接反击，不但可能破坏交谈气氛、人际关系，还会被人认为缺乏幽默感。因此，要想更好地解决此类问题，故意答非所问不失为一个妙招。

8.制造悬念

交谈中有意制造悬念，会使人更加关注你的一举一动。在大家精力集中的时候抖开"包袱"，即便"虚惊一场"，大家也会付之一笑，报以掌声。

9.庄谐相间

庄重固然不可或缺，但也不可过于庄重而使氛围紧张。寓庄于谐的交谈方式比较自由，也比较轻松，适用于众多场合。用幽默、诙谐的语言，同样能表达较为重要的内容。

10.亦正亦反

运用反话正说的方式，关键在于处理好一反一正的关系。在交谈中，预备对对方进行否定时，却先肯定，即在肯定的形式中巧妙地蕴藏着否定的内容。正说时要义正言辞、一本正经，吸引对方的注意。然后，再以肯定的形式抖出反话的内容，从而产生鲜明的对比，让人信以为真，更好地达到谈话的效果。

反话正说的效果能引人入胜，正话反说的效果亦不可小觑。正话反说，就是对某一话题不作直接的回答或阐述，而从反面加以阐述，使它和正话正说异曲同工。这样就可以避免正面冲突，使语言含蓄委婉、合情合理，收到一种出奇制胜的劝诫和讽喻效果。有时，正话反说的曲折手法，可以使人们在轻松的情境中实现交流的目的。

谈话时要避开禁忌

1. 个人的隐私

私人话题，不要主动谈起，否则，会让人感到你不礼貌或有敌意。 在公开场合，为了尊重自己和对方，不谈个人隐私。

2. 个人的健康状况

除自己的亲朋好友外，没有人会对他人的健康检查或过敏症等感兴趣。 对于患有严重疾病的人，如各种癌症、艾滋病病人等，自然不希望惹来过多的"关注"。 另外，不要在遇到病人的时候愁眉不展，应像对待平常人一样对待他，不要提起他所经历的病痛。

3. 富有争议性的话题

一些社会上颇有争议性的话题，除非你很清楚对方的立场，否则，应该避免谈论这些敏感性话题，比如宗教、政治、党派等，以免发生不必要的争执。

4. 有关金钱的话题

你谈论的话题如果总是围绕着"这值多少钱""那值多少钱"等，这会让人觉得你是个俗不可耐的人。 其实，生活的含义极其丰富，金钱并不是它的全部。

5. 个人的不幸

不要把自己的不幸搞得人尽皆知。 若是对方遭遇了不幸，如他离婚了或是家人去世了等，绝不要为了满足自己的好奇心而触及这个话题或者追问不休。 当然，若是对方主动提起，则需表现出同情并听他诉说。 与刚遭遇不幸的人说话，你最好让他尽情抒发。 如果不幸的主角是你自己，在谈论公事时，应尽量不要插入自己不幸事件的话题以避免尴尬：是该对你表示同情，还是继续讨论公事？

6. 黄色笑话

常说黄色笑话的人往往会给人留下缺乏自信与能力的印象，别人会觉得他只会用这种方式来吸引别人的注意力。

7. 害人的谣言

很多人常常为了自己的利益散布谣言，当你准备开始谈论这些闲话之前，请先思考一下：无论是添油加醋，还是如实转述，一旦说出口，便会给他人造成伤害。

第三章

会说话，怎么聊都不尴尬

将口误修补得天衣无缝

说出去的话，泼出去的水。虽然说出去的错话很难收回来，却也并不是徒然无法。只要掌握许多处事的技巧，就可以将口误修补得天衣无缝。

丽莎是一名空中乘务员，平时非常注重语言的学习，她们经常要接受一些特别的训练。尽管这样，在平时的工作中，出现口误也是在所难免的。

有一次，丽莎和往常一样本着顾客至上的服务精神，诚挚地服务顾客。

当她向一对外籍夫妇询问他们的幼儿是否需要早餐时，那位男乘客礼貌地用中文回答说："不用了，我们孩子吃的是人奶。"

此时丽莎却没有听清他的回答，为表诚意，她又补充了一句说："哦，是这样，如果您孩子需要用餐，随时通知我就行了。"

男乘客被丽莎的话惊呆了，片刻后大笑起来。丽莎也因为自己的口误而尴尬起来，站在原地，不知如何是好。

在与人交际中，确实难以避免口误。虽然其中的原因各有不同，但造成的结果却大同小异，要么贻笑大方，要么纠纷四起。

基于口误造成的后果有时会很严重，在口误产生之后，一定要勤于思考，并且用合适的语言弥补，挽回自己的面子。

现实生活中，死要面子活受罪的人比比皆是，他们认为及时纠正、弥补自己的口误是懦弱的表现。所以，他们宁愿继续错下去，也不会承认自己的失误，这样的话，结果可能更糟。

1976年10月6日，美国专门为总统的选举举办了一次辩论会，福特总统及其竞争对手卡特参与了辩论。福特总统在《纽约时报》记者马克斯·佛朗肯关于波兰问题的质问下，做了"波兰并未受苏联控制"的回答，并强调了"苏联强权控制东欧的事实并不存在"。

福特总统的错误显而易见，当时马克斯·佛朗肯及其他很多记者立刻提出了质疑，反驳他的解释。起初，马克斯·佛朗肯的反驳语气还比较委婉，希望福特可以借此更正自己的话语。

马克斯·佛朗肯说："向您提出这个问题我觉得有些不好意思，但是从您的回答中，我是否可以理解为您在肯定苏联没有把东欧化为其附庸国？也就是说，苏联没有用军事去控制东欧？"

明智的人会立即弥补自己的口误。福特却没有这样做，他觉得自己身为一国总统，在全国观众面前丢脸，是不明智的做法。于是，他决定继续错下去，结果当然是沉重的。

选举辩论会结束后，各电台、报纸、杂志都刊登了这次电视辩论会的内容，都是福特失策的报道，他们不由得问："难道福特总统是个不折不扣的傻瓜吗？为什么他要像驴子一样顽固不化呢？"卡特一再地抓住福特的口误，使得福特的口误在当时闹得沸沸扬扬。

大凡聪明的人都不会在口误面前强词夺理，一般都会坦白地承认，并及时给予补救。或许在别人还没有发现他们的口误之前，就用长篇大论的真理将自己的过失掩盖了。这种做法不但弥补了过错，还让他人为其豁达的胸怀钦佩不已。

与福特相比，美国另一位总统的表现就要好得多。

有一次，美国总统里根去访问巴西，因旅途上的原因，在欢迎宴会上，他出现了一次严重的口误，他说道："女士们，先生们，大家好！今天，真的为能访问玻利维亚而高兴。"

当他讲完这句话后，在场的人都吃惊不小。里根的助手在一旁提示他出现了口误，里根立即改口说道："很抱歉，前不久我们访问过玻利维亚。"

事实上，他并没有访问过玻利维亚，但是为了补救这次错误，他撒了一个小谎。在场的所有人都还没来得及去计较这个口误时，他那滔滔不绝的长篇大论已经淹没了他的口误。这种弥补口误的方法，某种程度上给自己保全了面子。值得强调的是，出现口误后，最重要的一点就是要及时发现，不失时机地用巧妙语言加以弥补，否则等他人都注意到你的口误后，再去弥补就困难多了。

通常情况下，弥补口误有以下三种方法值得人们借鉴：

1. 转移法

所谓转移法，就是将说错的话从自己身上转移到别人身上。例如："这是某些人的观点，而我却不这样认为，我认为……才是正确的。"这样一来就给自己弥补口误创造了一个很好的机会。即使别人意识到了你的这一过失，可你这么一说，对方也不能抓住你的"尾巴"不放，因为你说的话并没有什么不对。

2. 转折法

所谓的转折法，就是不要在出错的地方继续纠缠下去，应立即转移话题，避免越陷越深，然后再在错误言辞后面接上一句"然而正确说法应是……"或者是"刚才的说法不够严谨，还应加以补充……"这样一来也就将口误甩到了一边，迅速换成自己的正确想法。

3. 意思延伸法

意思延伸法，即把错误的言论不断引导成正确的结论。当你意识到自己发生了口误时，索性将错就错，然后把你原先错误的意思转变成其他的含义，使之逐渐走向正确。值得注意的是，在进行延伸的过程中，一定要选用适当的言辞，小心弄巧成拙。

说话出现口误虽是不可避免的，但在处事过程中，应尽量避免，或者说降低这种错误出现的频率。如果不慎出现了口误，也不用惊慌失措，动动脑筋，想出巧妙的语言给予弥补就可以了。

适当自嘲，消除隔阂

自嘲的好处有很多，比如，可以用自嘲的方式给自己搭建台阶，避免尴尬与难堪，还可以维护自己的自尊。不过，在采用自嘲的方式时应注意场合、把握时机，否则不但下不了台，更可能会弄巧成拙。

自嘲要审时度势，见机行事，不能随意使用。此外，对待自嘲者必须端正态度。因为，自嘲中包含着自嘲者强烈的自尊心，自嘲就是为了调节氛围，摆脱尴尬的束缚。那么，如何自嘲才适当呢？以下几点可供参考：

1.用自嘲消除别人的偏见

约翰·马克是美国著名的黑人律师。1862 年的一天，约翰·马克准备发表演讲，当他意识到在座的观众都是白人，而其中很大一部分人对黑人都抱有偏见时，他临时修改了演讲的开场白，说："女士们，先生们，我到这里来与其说是做演讲，不如说是给这一场合增添一点'色彩'……"

听到这一与众不同的开场白，听众们都大笑起来，原本严肃的气氛一下子也活跃起来，对立的情绪也在无形中消失了。 虽然他后来的演讲言辞激烈，但听众中没有出现过激的反应，演讲很成功，演讲的内容成了演讲史上的著名篇章——《要解放黑人奴隶》。

生活和工作中，每个人都会被误解。 误解你的人或多或少会对你有一定程度的偏见，这是很难避免的事情。 偏见就像一道鸿沟，隔离了友善与理解，给人们造成了很深的误解。 如果不能及时将偏见消除，人际关系就很可能会被破坏，久而久之，会落得"孤家寡人"的下场。 有些人认为：偏见一旦产生是无法消除的。 因为要想改变一个人的意识，绝非易事。 事实的确如此，但是如果能妙用自嘲法，让别人不再对你存有偏见，就显得十分轻松了。 特别是遭到别人攻击前，若能先发制人，以自揭伤疤的方式，消除别人的对立情绪，就能逆转形势，变被动为主动。 这一招，用在与陌生人打交道时，效果惊人。

2. 以自嘲应对"揭短"的人

曾有一位作家，出版了一部长篇小说，刚上市不久，就得到了大家的一致好评。但是，却遭到了另一位作家的嫉妒，这位作家跑去问他："这本书写得还不错，是别人替你写的吧?"他答道："先生你很聪明，非常感谢你给予这部小说的评价。但我也想问一句，是谁替你把它读完的?"这位作家灰溜溜地离开了。

遇到这种揭短的人，不妨采用滑稽、幽默的语言自我嘲讽、活跃气氛，这是反对人的好方法之一。

通常情况下，那些"揭短"的人，大多是自己的亲朋好友，这就需要人们在使用该方法时，注意言语的使用，最好不要使用过于激烈的词，以免伤害了亲戚、朋友间的感情。

3. 用自嘲的方式表达苦衷

一位诗人应邀到某大学做演讲。演讲结束后，一位学生向这位诗人提了一个问题，他说："在金钱社会里，您对纯文学与生活问题有什么看法？"

众所周知，人们对现代社会中纯文学性的东西不太关注，这个学生的言下之意是问诗人如何面对纯文学与贫穷。诗人回答："就我个人而言，我能坚持写作的原因应该归功于我的妻子，她开了一家小饭馆，这就解决了我们一家人的吃饭问题。"

诗人的回答蕴含着无尽的沧桑与无奈，但是他并没有把这种情愫直接地表达出来，而是借自嘲的方式，既回答了大学生的问题，又给人们留下了深刻的印象。

在某些特定场合中，不宜说出一些自暴自弃或是表达不满的话，这时最巧妙的做法是以自嘲的方式回答对方，这样既能让别人体会到自己的苦衷，又不会让别人认为你是个自暴自弃的人。

4.用自嘲的方式避免尴尬

一家英国电视台的记者在采访著名作家梁晓声时提出了一个非常难回答的问题："没有'文化大革命'，可能就不会产生你们这一代作家。那么，你对'文化大革命'有什么看法？"

梁晓声没有回答，而是机智地反问道："没有'二战'，就没有以反映第二次世界大战而著名的作品。那么，你觉得'二战'是好还是坏呢？"

该记者听完后哈哈大笑，与梁晓声握手言和。

在一次国际会议期间，西方一位外交官故意挑衅我国外交官，他说："如果你们不向美国保证不用武力解决台湾问题，那么很明显你们不愿和平解决台湾问题。"

对于这种充满挑衅性的说法，我国代表回答道："台湾问题是中国的内政，采取什么方式解决，是中国人民自己的事，没有必要向他国保证什么。"说到这儿，他话锋一转，反问道："请问，难道你们总统的选举也要向我们做保证吗？"

与人交际中，当对方有意无意冒犯你的时候，你可以用自嘲的方式来摆脱困境，这是一种最恰当的选择，也是摆脱困境最有效的方法。它既能维护你的尊严，又能将宽容大度的形象摆在对方面前，从而赢得别人的尊重与信任。

　　用自嘲的方式为自己解除尴尬，显然是一个非常有效的方法。但是在自嘲过程中还应有所禁忌，不仅要注意场合、时机和对象，还应注意最好不要使用过于贬低自己的言辞。

面对挑衅，巧妙回击

面对挑衅，回击的方式主要有以下两种：

1. 抓住问题的实质

当遭到不怀好意者的挑衅时，不要只把问题局限在问题的表面，而要抓住问题的实质。这样有利于改变自身处境，狠狠地打击不怀好意者，使其自食恶果。

莫洛托夫是苏联的一位外交部长，这位出身于贵族家庭的外交家曾经因出身问题而遭到了不怀好意者的攻击。在一次联谊大会上，一位英国工党外交官向他提出了一个刁钻问题，说："你是贵族出身，我家祖辈是矿工，我们两个究竟谁能代表工人阶级呢？"面对这种刁钻的提问，莫洛托夫并没有表现出惊慌失措，他不慌不忙地说："对的，不过，我们却都走上了与出身相反的路。"对方听到莫洛托夫的这一回答后，闭口不言。倘若莫洛托夫与对方纠缠在出身问题上，就一定会陷入不利的境地。而此时他所说的，不但使不怀好意者无言以对，还展现了自己高雅的风度，而不怀好意者却落得个"偷鸡不成反蚀把米"的下场。

俄国学者罗蒙诺索夫一直生活俭朴，因此，他对穿着没有太多讲究。一次，一个不学无术、好吃懒做的德国人看到罗蒙诺索夫那破旧的衣衫，不禁挖苦道："透过这衣服的破洞，我发现了你的才学。"罗蒙诺索夫没有给这个人留任何情面，毫不客气地说："先生，从这里我却看到了另一个人的愚蠢。"那个不怀好意的德国人本来是想趁此机会让罗蒙诺索夫出一下丑，没想到却被罗蒙诺索夫说得无言以对。其实，生活俭朴是一种值得提倡的美德，那个德国人显然是有些小题大做，其最终目的就是想羞辱一下罗蒙诺索夫，可是罗蒙诺索夫却抓住了问题的实质，利用巧言使那个不怀好意的德国人自觉无趣，知难而退了。

上述两个事例，都说明了一个道理：回击不怀好意者的时候，一定要抓住问题的实质，把握时机，狠狠地打击那些不怀好意者。 值得注意的是，在回击对方时，你要特别注意词语的选择，力求精辟、准确、内涵丰富。 从字面上看，这些词语轻描淡写，仔细琢磨却"话中有话"，当对方领会到这些轻描淡写的语言背后的深层含义时，已为时晚矣。

2. 以比喻对比喻

有些不怀好意者总喜欢将人比作一些不雅的事物，以此来达到讥讽、贬低别人人格的目的。 在这种情况下，最好的回击办法，就是以比喻对比喻，采取同样的方法回击不怀好意者。

达尔文提出生物进化论以后，得到了赫胥黎的全力支持，为了维护和宣传达尔文的这一学说，赫胥黎与宗教势力展开了激烈的论战。为了诋毁赫胥黎，教会把他说成是"达尔文的斗犬"。在伦敦的一次辩论会上，赫胥黎遭到了宗教头目的攻击。当他们看到赫胥黎步入会场时，便破口大骂道："当心，这条狗又来了！"赫胥黎根本不在乎他们的谩骂，而是不屑一顾地说："是啊，盗贼最害怕嗅觉灵敏的猎犬。"这样一来，那些不怀好意的教会头目们也无可奈何，只能自认倒霉，闭上了嘴。

在这里，双方都用了比喻的方法，但赫胥黎的比喻更为巧妙，那些不怀好意者骂他是条狗，而他又巧妙地把"盗贼怕猎犬"这一人所共知的常理搬了出来，划清了宗教头目与自己的界限，从而戳穿了宗教头目的丑恶面孔，维护了真理。

用比喻对比喻的方法回击不怀好意者，就是利用两种喻体间的相克关系，使自己的思想附加到喻体上，以此来回击那些不怀好意者。

转换话题，巧妙化解尴尬

在交际中，我们经常会遇到一些令人尴尬的问话，比如一些秘密事情、个人的私事等。对待这样一些提问，如果我们用"不能告诉你"来回答，会使自己显得粗俗无礼，如果套用外交用语"无可奉告"来作答，那又会使提问者失望或不快。总之，对待这样一些古怪的问题，若我们答得不好，就有可能使自己陷入十分难堪的泥淖，不能自拔，以致大失脸面。

当遇到这种情况时，就需要具备"顾左右而言他"的语言能力，从而及时扭转尴尬的局面。

转换话题就是一种最简单的办法。

> 两个青年去拜访老师，在谈话时，两人说："老师，听说您的夫人是位英语教师，我们想请她指教一下，行吗？"
>
> 老师为难地沉默了片刻，说："我们前不久分手了。"
>
> "哦？对不起，老师……"
>
> "没什么，喝点水吧。"
>
> "老师，您的书什么时候出版？快了吧？……"

这样转换话题，特别是提出对方很愿意谈的话题，就可以迅速地缓解尴尬局面。

问话者见对方对其问题不予理睬，很快就会意识到自己的无礼，从而不再追问。

某单位一女员工结婚，在单位发喜糖，刚巧该单位有一位大龄女青年。大家吃糖的时候，突然一位中年科员笑着对那位女青年说："喂，什么时候你也请我们吃喜糖啊?"大家都望着那位女青年。那位女青年脸微微一红，然后指着身边一位女同事身上的一件款式新颖的上衣问："咦?这件衣服在哪里买的啊?什么时候买的?"两个人便兴致勃勃地谈起了那件衣服。

　　在公众场合问这种问题是很不礼貌的。女青年碰到这个尖锐的问题时处境十分尴尬，回答不好可能会引起大家的闲话。于是她立刻把话题转移到同事的衣服上，借以回避对方的无聊问题。问者见对方不予理睬，自然也认识到自己的失礼，也不会再说些什么。

自我调侃，一笑了之

有一次，十多年没见的老同学聚会，因为大家都是好朋友，所以，谈起话来比较直接。有一位男同学向一位女同学打趣道："听说你的先生是大老板，什么时候请我们大吃一顿？"他的话刚说完，这位女同学就变得紧张起来。原来这位女同学的丈夫前不久因意外去世了，但这位开玩笑的男同学并不知道。旁边的一位同学暗示他不要说了，谁知这位男同学偏要说，旁边的那位同学只得告诉他真实的情况，这位男同学顿时觉得羞愧万分。不过，他迅速回过神，打了一下自己的脸，调侃地说："你看我这嘴，几十年过去了，还像学生时代一样，不知高低深浅，只知道胡说八道。该打嘴！该打嘴！"女同学见状，虽有说不出的苦涩，但还是原谅了他，苦笑着说："不知者不为怪，事情已经过去了，现在不提它了。"男同学便忙转换话题，从尴尬中解脱出来。

当我们处于类似的局面时，最好的办法就是：不要死要面子活受罪，可以采取上面男同学的做法调侃一下自己，表达自己真诚的歉意，而对方也不会再责备我们，相反还会一笑了之。

1915 年，丘吉尔还是英国的海军大臣。不知由于什么原因，他突然要学开飞机。于是，他命令海军航空的那些特级飞行员教他开飞机。

丘吉尔很有毅力，不但刻苦用功，拼命学习，还把自己全部的业余时间都搭上了，负责训练他的军官都快累坏了。丘吉尔虽称得上是杰出的政治家，但这跟开飞机没什么联系，也可能是隔行如隔山吧。总之，丘吉尔虽然刻苦用功，但就是没有学会开飞机。

有一次，由于天气原因，一段 16 英里（约 26 千米）的航程，丘吉尔竟然花了 3 个小时才抵达目的地。

着陆后，丘吉尔刚从机舱里跳出来，那架飞机竟然再次飞起来，一头撞到海里去了。旁边的军官们都吓得愣在那里，一动不动。

原来，匆忙之中的丘吉尔忘了操作规程，慌乱中再次发动了引擎，望着眼前这一切，丘吉尔也不知所措，好在他并没有惊慌，而是装作什么也不知道，自我解嘲道："怎么搞的，这架飞机这么不够意思，刚刚离开我，就又急着去和大海约会了。"

一句话，缓解了紧张的气氛，也让丘吉尔摆脱了尴尬。

拒绝幸灾乐祸，用玩笑解除尴尬

尴尬是人们处于两难境地，不知如何处理时的一种心理紧张状态。在这种时候，如果能调整心态，急中生智，开个玩笑来冲淡它，可以起到很好的作用，从而化解你和他人之间的紧张气氛。

我国著名相声大师马季有一次到湖北黄石开座谈会。会上，他的搭档不小心称"黄石市"为"黄石县"，在座的都十分尴尬。马季立即接着说："来到黄石省，我们非常荣幸……"这话把大伙都弄糊涂了。正当大家在私下里小声议论时，马季解释道："刚才，我的搭档把黄石市说成县，降了一级，我当然要说成'省'，给提上一级。这样一降一提，就拉平了！"

如果能使人发笑，那么人们也就慢慢地忘掉了刚才的尴尬局面，气氛也会慢慢恢复正常。

老诗人严阵和一位青年女作家访问美国，当他们在广场上散步的时候，偶遇两位美国老人。看见中国人，他们很热情地迎上来交谈。其中一位老人为了表达对中国人的感情，热情地拥抱那位女作家，并亲吻了一下。

女作家十分尴尬，不知所措。

另一位老人也埋怨那位老人，说中国人不习惯这样。那位拥抱女作家的老人，很不好意思地站在一旁。

老诗人赶紧走上前微笑着说："呵，尊敬的老先生，你刚才吻的不是这位女士，而是中国，对吧？"

"对，对！我吻的既是这位女士，也是中国！"那老人马上笑着说道。

尴尬的气氛在笑声中烟消云散了。

有一只野兔被老鹰捉住了，它像小孩一样大哭大叫起来。

一只乌鸦责骂它说："你飞快的两脚，现在哪里去了？你为什么跑得这样慢？"

乌鸦的冷嘲热讽还未说完，另一只老鹰突然飞下来捉住它，将它杀死。

野兔在断气时说："啊！刚才，你还在幸灾乐祸，现在，你也该哀叹和我有着同样不幸的命运了。"

由此可见，不要轻易嘲笑他人，而应该主动帮助他人摆脱困境。否则，同样的不幸也有可能降临到你身上。

宽容面对无意的冒犯

在商场做导购员的小敏是一个聪明的女孩，她没有当面拆穿顾客的谎言，而是略施小计，化解了一场矛盾。

一位顾客来到小敏上班的百货公司，要求退回上周买的外衣。但是，她已经把衣服带回家并且穿过了。女人是善变的"动物"，她突然又不喜欢这件外衣了。于是，她就想试一试能不能退回来。她辩解说"绝对没穿过"，要求退掉。这样的顾客，小敏见得多了，这样的问题自然难不倒她。小敏检查了外衣，发现有非常明显的干洗的痕迹。凭借她的经验，她知道，如果直截了当地向顾客说明这一点，顾客是绝不会轻易承认的，因为她已经说过"绝对没穿过"，而且精心伪装成没有穿过的样子。这样一来，两个人很可能陷入激烈的争执，使事态恶化。

因此，小敏说："我很想知道是否你们家的某位成员把这件衣服错送到干洗店了。不久前，我也做过一件同样的事情。我把一件刚买的衣服和其他衣服一起堆放在沙发上，结果，我丈夫没注意，把它和其他脏衣服一股脑儿塞进了洗衣机。我怀疑你也遇到了这种事情，因为这件衣服显而易见已经被洗过了。不信的话，你可以跟其他衣服比一比。"顾客看了看证据，觉得瞒骗不过，而小敏又给了她一个台阶下，便顺水推舟，乖乖地收起衣服走了。

小敏的话说到顾客心里去了，使顾客不好意思再坚持，将潜在的争执消散于无形。 在这个过程中，小敏给足了顾客面子，顾客自然知趣并知难而退了。 在现实生活中，很多人把面子看得很重。 在遇到矛盾时，如果我们不懂得为他人保留一份尊严，不给他人台阶下，那么矛盾就会愈演愈烈。 朝气蓬勃的年轻人，思维比较灵活，应该懂得如何不揭穿他人的谎言，并顺着别人的意思，将思路引到自己这边，这种方法就叫"铺台阶"。 小敏就是这样做的，既保全了别人的尊严和面子，也顺利化解了危机。

不管在什么情况下，我们都要给别人留有尊严。 在日常生活中，倘若别人无心冒犯，我们不妨大度一点，不要什么事都斤斤计较。 能宽容的尽量宽容，不要反应过激。 如果实在忍无可忍，可以指出对方的错误，但只求使其知错，不要令人难堪，甚至伤其尊严。 我们可以用一种巧妙的方式去转换这种"冒犯"，这样一来，大家就能"一笑泯恩仇"。

常说"我们",而不是"我"

语言是如此奇妙，有时候，意思接近的两个词语，却会产生不同的语言效果。以"我"和"我们"来说，就是一个典型的一字差千里的例子。

日常生活中，最常用的字就是"我"，那是因为我们希望被关注、希望被关心。如果我们把"我"换成"我们"，可能会取得意想不到的效果。因为，这样一来，对方就会将心比心，你就会被关注、被关心。由此，你不仅能收获友情、收获尊敬，还能收获快乐。

把"我"换成"我们"，不但能巧妙地拉近双方距离，还能使对方更容易接受你的观点。在说话的时候，如果我们无视对方的感受，只是一个劲儿地提到"我"如何如何，必然会引起对方的反感。但如果改变一下，把"我"改为"我们"，对于我们而言，这并不吃亏，但却能获得对方的好感，进一步加深我们与别人的友谊，也能顺利解决彼此之间的问题。

俄国十月革命刚刚胜利的时候，许多农民因为仇恨沙皇，坚决要求烧掉沙皇住过的官殿。无论谁来做思想工作，农民都置之不理，坚持认为非烧不可。最后，列宁亲自出面做说服工作。

列宁对农民说："在烧房子之前，我们大家一起来思考几个问题，可以吗？"

"当然可以。"

列宁问道:"沙皇住的房子是谁造的?"

农民说:"是我们造的。"

列宁又问:"我们自己造的房子,不让沙皇住,让我们自己的代表住好不好?"

农民齐声回答:"好!"

列宁再问:"那么,这房子我们还要不要烧呢?"

农民觉得列宁讲得好,就同意不烧房子了。

这是一个用"我们"一词解决了重大纠纷的典型范例,体现了语言的巨大魅力。 列宁反复使用"我们",拉近了自己与农民之间的距离,使农民乐于听他讲话,进而将农民的思路引到理智上来,最终达到劝服的目的。

对于小摩擦，不妨"和稀泥"

朋友之间的小摩擦，虽然在特殊情况下不能"和稀泥"，但是对于琐碎的矛盾，作为第三者，完全可以"和稀泥"。"和稀泥"主要有三种方法：

1. 支离拆分

倘若争执双方都在气头上，第三者应该当机立断，借口有什么急事（如有人找，或有急电），把其中一人支开，让他们脱离接触。等他们气消了，心静了，争端也就趋于平息了。

2. 以情制胜

第三者可以用双方过去的情谊来打动他们，让他们"休战"，或者以自己与他们每个人之间的情谊作筹码，说："你们都是我的好朋友，你们闹僵了，让我也很难过。就看在我的面子上，握手言和吧。"一般情况下，双方都会给第三者这个面子，顺台阶而下。

3. "欺骗蒙混"

旁观者应该随机应变，以假掩真，再顺水推舟，让冲突的气氛变得融洽。

不过，"和稀泥"必须和得好、和得妙。否则，对方不但不领你的情，反而还会溅你"一身泥"，怪你"多管闲事"。如此一来，反倒是弄巧成拙。因此，"和稀泥"必须谨慎，只有恰到好处，才能皆大欢喜。

第四章

妙语通幽，情商高的人都懂幽默

用幽默轻松提建议

如何更加幽默地提出建议？ 不妨参考如下几点。

1.用幽默的方式激起别人的好奇心

1890 年，著名的幽默大师马克·吐温和一些社会名流共同参加了道奇夫人的家宴。不一会儿，宴会上就发生了争执。虽说这种事在宴会上经常会发生，但是马克·吐温认为这样有伤大雅，也破坏了融洽的气氛。如果在人群中大叫一声"安静"，肯定会得到不良的效果，大家势必会不欢而散。可是如果置之不理，甚至任其发展下去，也会对宴会造成不利影响。

马克·吐温想了一下，对邻座的一位太太说："我想在和谐的气氛中让争吵停止下来，唯一的办法就是与大家开个玩笑。这需要配合，您只要把头歪到我这边来，装作对我的话题很感兴趣就可以了。这样，别人越听不到我说的话，就越想听，就可以达到预期的效果。"

然后他就小声地跟邻座的太太讲起了 11 年前发生的事情："那时，我到芝加哥去参加欢迎格兰特的庆祝活动，当天便安排了一个盛大的宴会，到场的退伍军人有600 多人。坐在我旁边的是某某先生，他耳朵有些不太好使。他对人不是好好说话，而是大声地吼叫，有时候手拿刀叉沉思五六分钟，然后突然大吼一声，如果不注意就会被他吓到。"

当讲到精彩处，邻座的那位夫人还会发出惊叹的叫声。不久，吵闹声果然逐渐地小了下来，好奇的目光都集中到了马克·吐温身上，但他并没有停止与邻座太太交谈的意思，而是继续给她讲述。

此时，全场没有任何吵闹声，取而代之的是马克·吐温的声音。马克·吐温见时机已到，便说："我只是和大家开了个玩笑，目的是告诉大家要讲礼貌，考虑一下场合，并把这个教训谨记于心。"大家听后，哄堂大笑起来，每个争吵者的表情都有些尴尬。

2. 用含蓄的语言创造幽默效果

在一些场合，不能把意见直接说出来，要适当地拐个弯，这样别人才更容易接受。

有这么一个小故事：

有一个酒店老板刚愎自用，目空一切，从不听从别人的建议。一天，店里来了一位客人，点了一壶酒和几样小菜。客人只喝了一口，便说："老板，你们的酒是酸的，我觉得该给我换换。"

老板二话没说就把客人绑了，吊在屋梁上。正在这时，店里又来了一位客人，见到有人被吊在屋梁上，好奇地向老板询问原因。老板说："这个人太不自量力，竟然诬陷本店香味醇厚的酒是酸的，你说应不应该惩罚他？"

那位客人说："让我尝一尝？"

老板便为他端上酒，客人呷了一口，酸得皱起眉对老板说："我看你还是把他放下来，把我吊上去吧！"

老板听后也尝了一口酒，果真如二位客人所说，就是酸的，于是老板就把客人放了下来。

虽然这只是个故事，但却说明了一些问题：后一个顾客之所以没有遭到第一位客人的"待遇"，是因为他能以含蓄的方式创造幽默，幽默地提出意见，使那位自以为是、目空一切的老板接受了自己的意见。这就是说话的艺术，需要人们细细品味。

3. "指桑骂槐"式的幽默

在给别人提建议时，可以借助别人的滑稽事例来烘托自己的看法，虽然有些指桑骂槐的意味，但确实是一个好计策，不但能将提建议的方式幽默化，给人提供笑料，还能让人心服口服地接受。

据说，晚年的汉武帝，非常希望能长生不老。一天，他对侍臣说："相书上说，一个人鼻子下面的人中越长，命就越长；倘若人中长一寸，就能活到百岁。不知这是真是假？"

东方朔听后，知道他又在做长生不死的梦了，于是，脸上露出狂妄的笑意。汉武帝见东方朔面露不屑之情，顿时火冒三丈，厉声喝道："东方朔，你胆敢嘲笑我?"

东方朔摘下帽子微笑着说："皇上误会了，我怎敢笑皇上呢? 我是在笑彭祖的面相，实在是太滑稽了。"

汉武帝问道："彭祖的面相怎么就好笑呢?"

东方朔回答道："彭祖活了八百岁，如果真如皇上刚才说的，那他的人中就有八寸长，那么，他的脸不就有丈把长了吗? 皇上不认为这样的面相太可笑了吗?"

汉武帝听了，也忍不住大笑起来。

东方朔的聪明，就在于他能将严肃的气氛以幽默的方式变得活跃起来。 他用笑彭祖的办法幽默地讥讽了汉武帝的荒唐，有些指桑骂槐的味道。 也正是这样，汉武帝才没有责罚他，并且接受了他的意见。

在向别人提出意见时要注意方式，如果能用幽默来代替直接性的语言，其效果会有天壤之别。 别人在接受建议的同时，还会对你的做法表示感激。

用幽默语言解决麻烦

在日常生活中如何用幽默来解决麻烦呢？ 以下几点可供参考。

1. 相互对比

相互对比可以揭露事物的不一致，形成幽默的效果。 比如，甲对乙说："丙这个人什么都不缺，除了美德和才干。"实际上批评丙是无德又无才。

2. 正话反说

正话反说，为了表达本意故意说与之相反的话。

一次宪法会议上，出席者们因人种、宗教等方面的差异导致了立场的不同，使得会议中充满了互不信任的气氛。赞成派和反对派之间展开了相当激烈的争论，言辞尖锐，有人甚至对他人进行人身攻击。

眼看讨论将无果而终，持赞成意见的富兰克林适时站了出来。他不慌不忙地对人们说："事实上，我也并非全部赞成这部宪法。"

话音未落，混乱的秩序好转起来，反对派人士都用怀疑的眼光看着富兰克林。富兰克林停了一下，继续说道："对这部宪法，我并没有信心。出席本次会议的各位，也许对于细则还有异议。不瞒各位，我此时也和你们一样，对这部宪法是否正确抱有怀疑态度，我也是抱着这种心情签署宪法的……"

富兰克林说完这一番话后，反对派的激动情绪终于平静下来，因为他们想让时间验证一下它是否正确。就这样，这部美国宪法顺利地通过了。

3. 话里有话

有位青年带着自己写的小说，来到一个杂志编辑部，编辑看了他的小说后，就问："这是你写的?"

青年满怀欣喜地说："是的。为了使它更完美，我光构思就花了一个月时间，然后，又用了两天时间才把它写出来，写小说可真不容易啊!"

其实编辑早看出来他是抄袭的，但却没有直接说出来。他故作惊讶，而又幽默地说："啊，伟大的契诃夫先生，您什么时候又复活了!"

青年听了编辑的话，感到非常羞愧，内疚地离开了编辑部。

4. 先肯定后反驳

运用逻辑思维的推断法，先假设对方的观点是正确的，然后从他的观点中推论出一个荒唐可笑的结论，也能够收到幽默的效果。

在湖南流传着这样一个民间故事：

巧姑是一个聪明能干的人，公公张老汉因为有一个这样的儿媳妇而感到自豪。张老汉在大门上写了几个大字："万事不求人。"官府的官老爷看到这几个字后，认为张老汉没有把他当回事，一气之下派人把张老汉抓了起来，并且有意为难他，要张老汉在三天内做好一件事——找到公牛下的小牛。

三天后，知府来找张老汉，并要他把那头牛犊带来。巧姑说："禀告大人，我公公出去了，没在家。"

官老爷怒吼道："他竟然敢逃跑。"

巧姑说："我公公不是逃跑，而是去生孩子了。"

官老爷奇怪地问道："世界上只有女人会生孩子，男人哪会生孩子呀？"

巧姑立刻说："既然男人不能生孩子，那么公牛又怎么会生牛犊呢？"

官老爷这时无言以对，只好说："这件事不用他去办了。"

从巧姑的巧妙答话中，可以看出她是这样推理的：如果公牛能生出牛犊，那么男人也就可以生孩子。当知府否认男人会生孩子时，巧姑就利用知府的观点推出结论：既然男人不会生孩子，那么公牛也就不会生牛犊。巧姑巧妙地运用幽默的语言反驳了知府。

5. 一语双关

一语双关是指在一定的语言环境里，可以利用词语的属性，如多义、同音或同形等，把两种不同的事物联系在一起，使语句具有双重意义。

比如《刘三姐》中，有一段写的是刘三姐和三个秀才一起对歌，刘三姐就是用这种方式打败对手的。她唱道："姓陶不见桃结果，姓李不见李花开，姓罗不见锣鼓响，三个蠢材哪里来？"

这就是通过谐音把两种不同的事物联系在一起。刘三姐把姓陶的"陶"说成"不见桃结果"的"桃"，把姓李的"李"说成"不见李花开"的"李"，把姓罗的"罗"说成"不见锣鼓响"的"锣"；说"桃不结果""李不开花""锣鼓不响"，实际上也是在说陶、李、罗他们三个秀才没有真本事，不是她的对手。这就是利用双关语进行讽刺从而解决了麻烦。

幽默是化解敌意的妙药

幽默的大忌乃是敌意或者对抗。 幽默产生在避免冲突、消除心理重负之时，但这不是说一旦面临敌意与冲突，幽默就注定自行消亡。 这要看幽默的主体是否有足够的力量，帮助你从危险的冲突、怨恨的心理、粗鲁的表情和一触即发的愤怒中解脱出来。

即便你不可能改变你的攻击性，幽默也极有可能帮助你钝化攻击锋芒。 或者说，因为恰如其分地钝化了攻击的锋芒，你的心灵得到了幽默感的陶冶，你便可以游刃有余地以更加有效的方式来表达你的意向，避免搞僵人际关系。

这的确需要更高一筹的智慧和更宽容、更博大的胸怀。 几乎每一个面对冲突的人都面临着对他的幽默感的严峻考验，而只有少数人能够经得起考验。

作家冯骥才访问美国时，有一个很友好的华人家庭来拜访，双方相谈甚欢。忽然，冯骥才发现客人的孩子穿着鞋子跳到了他洁白的床单上，这是一件令人十分不愉快的事，恰恰孩子的父母却没有发现这一点。冯骥才任何表示不满的言语或者表情，都可能导致双方的尴尬。

幽默感帮了冯骥才的大忙。他非常轻松愉快地向孩子的父母亲说："请把你们的孩子带到地球上来。"主客双方会心一笑，问题就圆满地解决了。

从语言的运用来讲，冯骥才只是玩了个大词小用的花样把"地板"换作了"地球"，整个意味就大不相同。 地板是相对于墙壁、天花板、桌子、床铺而言的，而地球则相对于太阳、月亮、星星等天体而言的。 冯骥才一用"地球"这个概念，就把双方的心灵空间带到了茫茫宇宙的背景当中。 此时，孩子和地球、宇宙的关系就掩盖了一切，使孩子的鞋子和洁白的床单之间的矛盾明显淡化了。

在使用钝化攻击幽默法时，你首先要有原谅并放弃攻击对方的心态，不然就不能发挥出你的幽默感。

有一家住户，水管漏得很厉害，院子里积满了水。修理工答应马上过来，结果等了大半天才看到他的身影。他懒洋洋地问住户："大娘，现在情况怎样啦？"

大娘说："还好。在等你的时候，孩子们已经学会游泳了。"

这位大娘虽然说得有些夸张，但钝化了攻击的锋芒，淡化了对修理工不满的攻击。 要是大娘没有原谅修理工，直接斥责，如若修理工性格不好，肯定会扭头就走。 这里，修理工在笑的同时也必然会心生愧意。 所以，钝化攻击幽默法在人际交往中的作用非同小可。

幽默是生活情趣的调味品

幽默是语言的润滑剂。在社会生活中，幽默无处不在，假如你善于灵活运用，必将为你的生活带来无穷的乐趣。

在家庭生活中，谁也不能保证没有一点矛盾，即使是感情再好的夫妻也不能保证一辈子不发生一点小摩擦，尤其是当夫妻俩的工作都很忙，或是有一方在外面遇到不顺心的事情的时候。

然而，当这种情况在不同的家庭发生时，其结果是完全不一样的。有的夫妻之间谁也不肯让着谁，由此而爆发一场家庭战争；而有的家庭则有一方采取谦让态度，使即将发生的争吵烟消云散；还有的家庭，谦让的一方由于机智地运用了诙谐幽默的语言，使得本该传出打骂声的屋子里传出一片笑声。

美娟是一位有着良好文化修养的女性。有一次，因为急着外出听课，她忙得连家中的煤炉没有封好就匆忙走了。待她听完课回到家时，已经非常晚了。她的孩子放学回家后饭也没吃，饿着肚子就趴在桌子上睡着了。

比她稍早一会儿回到家的丈夫，看着家中火熄锅冷，孩子又如此可怜，既心疼又生气，看到美娟回来，便气不打一处来，开口便骂："在家就像个活死人，连火也看不住！"

美娟没有反唇相讥，而是一脸温和地微笑道："你火什么？火再大，也点不着炉子。"

一句话令丈夫的脸色阴转多云。不过，他还是火气未消，埋怨她说："你呀，要是没有我，怕是会饿死。"

"所以我才离不开你呀！"经她这么一说，她的丈夫"扑哧"一声，脸上立即多云转晴，笑得如阳光般灿烂。

这便是幽默在家庭生活中所发挥的奇妙作用。

在现代生活里，已经有越来越多的家庭在学习和运用幽默的语言对话来调节家庭气氛，融洽夫妻关系，以提高生活质量。

下面，再看一对幽默夫妻的例子。

有一对刚刚举行完婚礼的新婚夫妇，在客人们全都离去后，新娘就对新郎说："从今往后，咱们俩谁也不兴说'我的'了，而要说'我们的'。"新郎为了不扫新娘的兴，也含笑答应了。

新郎去洗澡，很久都没有出来，于是新娘就问："你在干什么呢？"新郎在里面回答道："亲爱的，我在刮我们的胡子呢。"

这位新郎仅用一句风趣的话，就纠正了新娘之前不完全正确的提议。假如他从一开始就反驳新娘的说法，其结果可想而知。

还有一对幽默得很上档次的夫妻。

有一天，夫妻二人争吵了几句，谁也不好意思先开口说话。可是，做丈夫的非常爱睡懒觉，每天都得让妻子喊他起床。于是，他就在床头留了张纸条，上面写着：

亲爱的，请在明天上午七时叫醒我。

你的丈夫

第二天，当他一觉醒来时，已经是上午八点钟了。他有些恼火，刚想发牢骚，忽然看到枕边放着一张纸条，上面写着：

亲爱的，快醒醒，七点钟了！

你的妻子

于是，夫妻俩一对视，然后便哈哈大笑起来。

幽默的夫妻笑口常开，幽默的家庭和睦常在。 在一个轻松和谐的家庭中生活的人，心情会开朗，心胸会豁达，自己的生活也会充满情趣。

多学几招幽默的技巧

俄国文豪契诃夫说："不懂得开玩笑的人，是没有希望的人！这样的人即使额高七寸、聪明绝顶，也不算真正有智慧。"

生活中也有这样的人，品行端正，为人朴实，却总是一本正经，没个笑脸，让人觉得枯燥乏味，可敬而不可亲。而富有幽默感的人就不一样了，他就是快乐的使者，走到哪儿，就把欢乐散播到哪儿。这样的人当然也有缺点，不过他们说话妙趣横生，能使人愉快，所以人人都愿与之相处。

池田大作在《青春寄语》中也说："有幽默感的人不会让人厌烦，有幽默感的话题不会给人压力。"适时地使用幽默，将故事、笑话运用在谈话之中，会使语言更生动、有趣。

如果你想借助幽默的力量，与他人建立和谐的关系，以更好地达成你的人生目标，那么请尽快将这一构思付诸行动吧。多学几招幽默的技巧，将幽默融入你的生活和事业当中，你一定会感到其乐无穷。

1. 故意曲解的幽默技巧

曲解的玄机在于对某些话的意思故意加以曲解，将说话者的思维引上岔道，以使人发笑。

有一次，国画大师张大千和京剧艺术大师梅兰芳同赴宴会。张大千走上前去对梅兰芳说："你是君子，我是小人，我敬你一杯酒。"梅兰芳和众人都大感不解。张大千便解释说："你唱戏，动口；我画画，动手——君子动口，小人动手。"众人听了，大笑不止。"君子""小人"的词义被张大千故意作了歪曲的解释，产生了十分幽默的效果。

误解也有可能是因为同音、多义、句法关系的不确定等无意中形成的歧义，同样也可以富有喜剧的趣味。

一对浪漫的男女刚走进电影院，就发现已客满，两个人无法坐到一起。这位年轻貌美的女孩自以为解决这个问题很容易，只需请求自己邻座的那位男子和自己的男朋友调换一下座位就行了。

"对不起，"她轻声问邻座，"请问你是一个人吗?"

邻座的男子默不作声，她又重复了一遍，那个人还是目不斜视。她又问了一次，这次声音大了一些。

"住口!"他对她说，"我妻子和孩子都在这里。"

这位多情的男子曲解了女孩的意思，虽正襟危坐，可是却已春心萌动，令人忍俊不禁。

2. 化解困窘的幽默技巧

一天，几位同学一起去看望高中时的老师。已经很多年没有见到自己的学生了，老师看见他们非常高兴，一一询问每位同学的情况。

"见到你真高兴。"最后,老师问一位女同学,"你丈夫还好吧?"

"对不起,老师,我还没有结婚……"

"噢,明白了,你的丈夫还没有娶你!"

一个很尴尬的场面,经老师这样幽默的一句话,马上就变得轻松愉快了,同时也没让女同学过于尴尬。 老师第一句话错在按通常思维发问,没想到却问了一句"蠢话"。 这位老师的幽默之处就在于知道错后,急中生智,又说了一句"蠢话"。此时大家都知道他是有意为之的,自然心领神会。

3. 戏谑幽默术

幽默的最大功能是可以减轻心理压力,防止产生或消除紧张的人际关系,尤其是在自己占据了精神优势以后,幽默也能起到维护自尊心的效果。

一次,演说家杰生在纽约演出,他决定在演出之前先到一家知名的小吃店吃点东西。

"您是初次来本店吧?"一位男服务员问他。

"是的! 这儿是一个很好的地方。"杰生说。

"您来得真巧,"男服务员接着说,"今天晚上有杰生的演说。很精彩的,我想您一定想去听听吧?"

"是的,我当然要去。"杰生说。

"您弄到票了吗?"

"还没有。"

"票已经卖完了，您只好站着听了。"

"真讨厌，"杰生叹了口气说，"每当那个家伙表演时，我都必须站着。"

杰生吃完就离开了，可出门时却被一位女服务员认出来了。她对那位男服务员说："刚才那位是杰生先生。"

"啊！"想到刚才的情境，男服务员被杰生的幽默感染了，忍不住哈哈大笑起来。

有一个叫高明的年轻人非常有幽默感，且善于恭维。某日，高明请了几位朋友到家中一聚，准备施展一下自己的特长。他站在门口恭候，等朋友们陆续到来的时候，便挨个问了同样一个问题："你是怎么来的呀？"

第一位朋友说："我是坐计程车来的。"

"啊，华贵之至！"

第二位朋友听了，眉头一皱，打趣道："我是坐飞机来的！"

"啊，高超之至！"

第三位朋友脑筋一转："我是骑脚踏车来的。"

"很好啊，朴素之至！"

第四位朋友害羞地说："我是徒步走来的。"

"太好了，健康之至呀！"

第五位朋友故意出难题："我是爬着来的。"

"哎呀，稳当之至！"

第六位朋友戏谑道："我是滚来的！"

高明不紧不慢地说："啊，真是周到之至！"

众人一起大笑，高明的戏谑幽默技巧几乎天衣无缝，既恭维了每位朋友，又没有伤害其他人，表现了他借题发挥、即兴诙谐的才能。

1981 年 1 月，里根入主白宫，同年 3 月 30 日遭到枪击。当他在痛苦和昏迷中忽然发现南希就在他身边时，便下意识地想找一句安慰她的话。突然，他想起了拳击运动员爱尔兰人杰克·登普西。当这位重量级拳击冠军被打败，回到家后，他对妻子说："亲爱的，我忘了躲了。"也正是这句幽默的话，使南希顿时破涕为笑。

里根在如此生死攸关的时候还能以幽默来给自己打趣，其乐观的精神着实令人叹服。假如你也想在生活、事业中获得成功，那么请学学这种乐观的精神，使你自己也拥有多彩而幽默的人生吧！

巧妙暗示，幽默也可以含蓄

所谓暗示幽默法，就是对事物表达自己的看法，不是通过直接说，而是通过种种可能来婉转表达，并最终达到幽默效果的方法。这里，婉转表达可理解为从各个侧面来表达。

暗示幽默法可以广泛地应用于生活中的各个方面，帮助我们解决困境，请看这则幽默故事：

有一对夫妇，丈夫做错了一件事，妻子不但不理解他，反而更加唠叨，令人生厌。于是，丈夫火冒三丈地说："请别这样唠唠叨叨的了，好不好？不然，我要在桌子上痛打 10 巴掌了。"

"关我屁事，打呀，打。"想到疼的不是她自己，妻子便火上浇油。

"但是，"丈夫道，"经过这 10 巴掌的训练，第 11 巴掌打在肉上的时候可就有些功夫了。"

妻子戛然而止。大概她领悟到了丈夫内心的火气，不想让脸成为丈夫练功夫的沙袋。

在这个幽默故事里，丈夫打了 10 巴掌，第 11 个巴掌会打在哪里，就是一种暗示。这种暗示包括了如下意思：我现在心里很火很烦，需要理解与清静；现在我得不到这些，反而遭到另一种折磨，我有些忍无可忍了，因此你最好住口，否则就不要怪我不客气了。"功夫"一词，就承担了幽默的任务，这就是暗示幽默法。

在恋爱中，我们也可以使用暗示幽默法。

有一对情人正在恋爱中，一天晚饭过后，他们一起出去散步，来到了绿草青青的河滩上，看到一头牛在默默地啃草，缓缓地移动。小伙子指着牛说："看那头牛多好呀，悠然自得，乐不思返。"

姑娘微微一笑道："那头牛是好，但也有不尽如人意的地方。"

小伙子问："怎样才能尽如人意？"

姑娘回答："要是这头牛吃了晚饭，把碗筷统统端进厨房洗了就尽如人意了。"

小伙子不好意思地笑了笑，显然是接受了姑娘这幽默的暗示，想起了自己在未来的岳母家吃了饭便一丢碗筷的毛病，这可能会使岳母翘起嘴巴。

在人际交往中，我们照样可以使用暗示幽默法。

如果你得知一个同事在背后说了你的坏话，你可以这样对他说："我妻子今天吃了大亏了。"

"怎的？"他必然会问。

"她在背后说了一个邻居的坏话，以为人家不知道，可是，'要想人不知，除非己莫为'。结果，人家还是知道了，两个人演了一出'全武行'，我妻子亏就亏在她那两颗门牙全是假的。"

笑过之余，那位同事准会面红耳赤。

事事可幽默，时时可幽默。只要你努力，很多困境都可以使用暗示幽默法来处理。

有时要表达一种愿望，这种愿望并无难言之处，但仍然要以曲折暗示为妙。

有个酒徒，贪恋杯中之物，酒醉之后经常误了大事。妻子屡次劝他，可他说什么也听不进去。一天，儿子对他说了几句话，使他的心灵受到极大的震撼，以后就再也不喝酒了。

原来，他的儿子说："爸爸，我送给你一个指南针。"

"孩子，你留着玩吧，我用不着它。"

"你从酒吧出来时，不是经常迷路吗？"

在这个故事中，儿子用的就是曲说隐衷法。儿子对父亲总是喝醉酒深感不满，但作为晚辈，又不好直接对父亲的行为提出批评，于是便以这种委婉的方式向父亲提出劝说。这种劝解不仅幽默诙谐，而且效果也非常明显。

幽默是一种快乐、健康的品质。幽默高手通常在悲苦时显得轻松，快乐时显得含蓄，危险时显得镇静，讽刺时不失礼，孤独时不绝望。

说话含蓄是一门艺术，同时也是幽默的一大技巧。常言说得好："言已尽而意无穷，含意尽在不言中。"含蓄表达法是把主要的、该说的部分故意隐藏起来，却又能让别人明白自己的意思，而且把幽默寓于其中。

"含蓄表达"这种幽默技巧有一定的难度，它要求说话的人要有比较高的说话水平和高雅的幽默感。它体现了说话的人驾驭语言的能力和含蓄表达幽默的技巧；同时，也展现了说话者对听众想象力和理解力的无比信任。

假使说话者不相信听众丰富的想象力，将所有的意思和盘托出，这样不仅起不到幽默的效果，而且平淡乏味，言语逊色，令人厌倦。因此，有的话不必直说，甚至要把原本可以直说的话故意含蓄表达，从而产生一种耐人寻味的幽默效果。

下面来看看"含蓄表达"和"锋芒毕露"相对比的例子。

有一家理发店，门口贴着一副对联："磨刀以待，问天下头颅几许；及锋而试，看老夫手段如何！"这副直来直去的对联，令人心惊胆寒，吓跑了很多顾客，自然门可罗雀。

而另一家理发店的对联则显得非常含蓄幽默："相逢尽是弹冠客，此去应无搔首人。"上联取"弹冠相庆"的典故，含有准备做官之意，又正符合理发人进门脱帽弹冠的情形。下联意即人人满意，心情舒畅。两家理发店相比，效果自然不言而喻。

含蓄表达法的幽默技巧，既不违背语言规范，又给人以风趣幽默之感。比如，有的演员自嘲长相差，就说自己"长得困难""对不住观众"；营业员遇到顾客买了商品未付款就准备离开时，问一句："我给您找钱了吗？"大多数顾客会立刻回答："哦，我还没付款呢！"

自嘲是幽默的最高境界

从古至今，幽默作为一门语言艺术，一直被人认为只有聪明人才能驾驭，而自嘲则是幽默的最高境界。

人际交往中，处于尴尬的境地时，用自嘲来对付窘境，不仅能很容易给自己找个台阶下，还往往会产生幽默的效果。因此，它也是一种很高明的脱身手段。

自嘲只有自信者才敢使用，因为它需要自己对自己"揭短"。也就是说，要拿自身的缺点甚至生理缺陷来"开涮"，对自己的缺点不是遮掩、躲避，反而是把它放大、夸张、剖析，然后利用巧妙的引申发挥来自圆其说，使大家一笑置之。一般来说，没有豁达、乐观、超脱、调侃的心态和宽大胸怀的人，是办不到的。

自嘲是最安全的方法，因为不会伤害旁人。你可用它来活跃谈话气氛，消除紧张；在尴尬中自找台阶，保住面子；在特殊情形下含沙射影，教训一下无理取闹之人。在社交中，当你身陷尴尬处境之时，借助自嘲往往能使你从中体面地脱身。

在某俱乐部举行的一次招待会上，服务员不慎将啤酒洒到一位秃头的宾客头上。服务员吓得手足无措，全场人目瞪口呆。这位宾客却微笑着说："老弟，这种治疗方法是无效的。"在场的人闻声大笑，尴尬局面瞬间化解。这位宾客通过自嘲，展示了自己的宽广胸怀。

103

由此可见，恰到好处地自嘲，是一种良好的修养，也是一种充满魅力的交际技巧。自嘲，能制造出宽松、和谐的交谈氛围，能使自己活得更加轻松与洒脱，使人感受到你的可爱和人情味，有时还能更有效地维护面子，构建起新的心理平衡。

以前有个姓石的学士，有一次，他骑驴不慎摔在地上，一般人一定会不知所措，可这位石学士泰然自若地站起来说："幸好我是石学士，若是瓦的，还不得摔成碎片？"一句话，引得在场的人开怀大笑，这位石学士也在笑声中化解了自己的难堪。

由此可见，对自己的某个缺点猛烈开火，可以妙趣横生。单就这份气度和勇气，别人也不会让你孤独自笑，一般会陪你笑上几声。

一般来讲，在人际交往的过程中，知名人士很容易让人感到架子很大。不过，这也可能是因为他们的紧张和压力引起的，或者是这些人还没有摸到与普通人相处的窍门。不过，此时若能拿自己开涮，就可以很好地缓解他人的压力，还能让众人觉得你很有人情味，和普通人一样，从而让他人的心里感到更加舒坦。

这样的例子举不胜举，比如一些相声演员、笑星或节目主持人就常以此举赢得观众的好评。其实，在生活中能做到这点的也不乏其人。

不过，需搞清楚的是，自嘲并不是自我辱骂，也不是出自己的丑，因此在运用时要把握好分寸。适当地自嘲，往往可以让自己的话语变得妙趣横生。 因此，厉害的人物不仅会笑自己，也会鼓励他人一起笑。

其实，生活中不管你是知名人士还是默默无闻者，自嘲都能让你备受欢迎。 大人物因自嘲可减少别人的妒意而获得好名声，小人物可以苦中作乐，甚至可能因此一夜成名。

"我小的时候长得很丑，"幽默家、演员、导演兼于一身的伍迪·艾伦说，"我是到长大以后才有这副面孔的。"笑自己的缺陷和干得不好的事情，都会使你变得平易近人。 如果你碰巧长得英俊或美丽，不妨对你其他的不足之处进行自嘲。 如果你认为自己真的没有什么缺点，也不妨虚构一个。

如果你的特点、能力或成就引起了他人的妒忌和惧怕，那么你可以试着去改变他人对你的看法。 例如，你可以这样说："人无完人，我就是最好的例子。"你以取笑自己来和他人一起笑，这会博得他人的喜欢，甚至敬佩，因为你的幽默感证明你也有人情味。

有这样一个故事：

> 一个人对他的客人夸耀自己的财富："我家无所不有。"他伸出两个指头说："我所缺少的就只有太阳和月亮了。"他还未说完，家里仆人就出来说："厨房里的木柴已用完。"这人又多伸出一个指头，说："缺少太阳、月亮和木柴。"

小故事中的主人借自己的尴尬困境来自嘲，使得自己潇洒地从尴尬境地中解脱出来，这不仅展示了他的豁达，更表明了他良好的心态。

　　还有，豁达也是幽默中蕴含的一种重要品质。 遇事乐观，即使身陷囹圄也能看到希望，而不是整天对天长叹，愁眉不展，其宝贵的思维模式是"大不了就……"而不是过分认真、斤斤计较。 多想想自己的不足，经常自嘲，这就是豁达。

第五章

得体赞美，夸人要夸到点子上

赞美让人心花怒放

1. 赢得别人对自己的赞许，是人类的本性

人们正是在别人的赞美声中感觉到被认可，获得重要的社会满足感。 人在婴儿时期，就从周围人的微小的赞美性动作中获得满足感。 成人以后，更多的是在他人、社会舆论的赞许声中获得强烈的成就感，这就是"社会赞许动机"。 应该认识到，人都有优点，这正是个人存在价值的生动体现。 人们一般都希望他人能看到和肯定自己的优点和长处，认可自己的成功。 因此，诚恳的赞美之声，总是能够赢得对方的欢心，同时也能营造美好、愉悦的氛围。

2. 赞美能促使形成良好的行为规范，有利于双方向积极、肯定的方向发展

在人与人的交往中，适当的赞美能促使人改正缺点。 比如，对方本来具有优柔寡断的缺点，若听你称赞他很果断，那么他就可能改正原来的缺点，朝你赞许的方向去努力。 他的动力来源于他人的赞美。

3. 适当地赞美对方，能够使其回以同样的热情

科学研究表明，他人对待你的方式，大部分取决于你对他人的态度。 有的人总是抱怨别人不热情、不友好，事实上原因在于你自己。 面对镜子，如果镜子中的形象令你不悦，那你最好从自己的身上去找原因。 热情、友好的赞美，总能换取对方

同样的态度，更利于双方交流。

赞美对方的宗旨是表现尊重和欣赏，以及营造友好的交往气氛。因此，赞美应该真心实意，并注意语调和措辞。如果因为有求于人才赞美，会令对方感到你动机不良。所以，当你对对方无所求的时候，表示赞美才显出诚意和可信。但赞美也要有度，过于频繁就失去了鼓励的意义，而且还显得轻率。赞美的话语不宜过分，言过其实的恭维话就成了"拍马屁"，只会被人耻笑。这些都关系到赞美的"度"。

恰如其分的赞美，还表现在赞美话题的选择上，即根据具体情境，选择不同的赞美话题。比如，对于年长者，可赞美他的光辉历史；对同辈人，可赞美他的能力和见识；而初见面者，则主要赞美其可见的外表或已知的实绩；在公众场合，赞美对方大家认可的品德、行为、外表和长处比较适宜；到别人家中做客，则可赞美其孩子的聪明、妻子的烹调手艺或家居布置等。实际上，只要不犯忌讳和涉及私事，实事求是，态度诚恳，随处可见赞美的东西。

恰如其分的赞美还要注重技巧。下面几种方法可供借鉴：

1. 直接赞美

在对方在场时，明确且有针对性地赞美并提及对方的名字（或尊称、昵称），微笑地赞美对方的行为、能力、外表或其拥有的物品。比如有人换了发型，与其泛泛地说"你的发型不错"，不如说"这个新发型使你年轻了10岁"。这样能够强调你赞赏的针对性，表现出你的真诚。如果能在直接赞美之后再提问，比如，"这是在哪家理发店做的"或"你是怎么想到选择这种发型的"，就能让对方更乐于接受你的赞美。

2. 间接、含蓄地赞美

运用语言、眼神、动作等向对方婉转地表达赞美。比如，在公众场合你特地请某人签名留念，就是一种行为赞美。你特地向一位女士请教，就暗示着你很重视和欣赏她的能力。聚精会神地听对方说话，并不时微笑着点点头，也能让人感受到你的赞美。

3. 预先赞美

如果对方的自尊心很强，又具备一定的思考能力，那么也可以按照你对他的期望预先赞美他，这样可以增强他的自信心，鼓励他朝你期望的方向努力，以防止他朝相反的方向发展。

避免俗套，赞美应有新意

有人说，赞美是最美的语言，赞美应该给人一种美的感受，但很多人说话乏味，一成不变。通常，以下三种俗套话应该避免。

1. 学别人说过的话

一些人在公共场合赞美别人时，没有自己的想法，只会说别人说过的话，附和别人的赞美。附和的话不仅达不到效果，还可能引起对方的反感。

五代十国时期的后梁太祖朱温手下有一群乐于拍马屁却词穷的宾客。一次，他与众宾客在大柳树下小憩，随口说了一句："柳树好大啊！"这群人忙附和他，也纷纷起来赞叹道："柳树真大啊！"朱温看了觉得好笑，又道："柳树好大，能做车头。"尽管大家知道这话不对，但还是有五六个人赞叹："能做车头。"朱温对他们非常反感，厉声说："柳树怎能做车头？我见人说秦时指鹿为马，有甚难事！"于是处决了他们。

中国人有个传统，就是别人赞美自己时，自己往往都要谦虚一下。在公共场所，若大家众口一词地赞美某个人的同一件事，就会让他尴尬，而且越是最后几个赞美的，越让他感到厌烦，对于这一点，大家要特别注意。

2. 形式上的俗套话

年轻人刚踏入社会很容易犯这种忌讳，由于缺乏社交经验，见面就是"久仰大名、如雷贯耳、百闻不如一见、生意兴隆、财源茂盛"等俗不可耐、味同嚼蜡的恭维。这些俗套的话会给人留下不冷不热的印象，使人感觉你缺乏诚意、玩世不恭，因此你不会给对方留下好印象。

形式上的套词俗语，甚至会让对方生气。一位年轻小伙子到同学家去玩，见到同学的哥哥之后马上说："大哥你好，见到你真高兴！久闻你的大名，如雷贯耳，百闻不如一见！"没想到对方非常不高兴。原来，他同学的哥哥因打架斗殴被拘留了几天刚出来。这个年轻小伙子根本不明情况，就公式化地恭维了一番，犯了对方的忌讳。

3. 尽说赞美别人专长的单调话

大家都很容易发现别人的特长，因此也多着眼于其专长来赞美。殊不知，时间长了，被赞美的人听得都腻了，不愿再听人提到。比如，一个画家，人们肯定都关注他的画技，而对作家，人们可能仅赞美其写作水平。

可见，陈词滥调不仅是社交的忌讳，也是赞美别人的忌讳。那么，怎样推陈出新呢？

1. 要抓住对方的心理去赞美

陈词滥调往往是在不深入了解对方心理的情况下说出的疲

于应付的话，毫无针对性。 只有了解了对方的近况和心理，才能知道他此时的心情和需要，从而给予别出心裁的赞美。

2. 赞美别人专长以外的东西

聪明的人善于实施"迂回赞术"，围绕对方希望听到的方面进行赞美。

众所周知，空姐们既漂亮又热情周到，她们听到过太多的乘客对自己容貌和服务方面的赞美。 一次，一位黑人先生在下飞机时，很激动地对中国空姐赞美道："我飞外国这么多年，第一次遇到对我们黑人这么友好的空姐。"这位黑人先生没有赞美中国空姐漂亮，也没有赞美其服务，而别出心裁地称赞中国空姐没有民族歧视，可谓独具匠心。

3. 赞美的话语不要太夸张

言过其实的"赞美"让人感觉虚伪，会让人反感。

给他人美名，让其为此而努力

1. 不直接指出对方缺点，反而称赞其优点

有一段时间，客人纷纷投诉、指责某百货公司的售货员服务态度不佳。专柜主任采取了一种独特的处理方式并取得了惊人的效果。他没有指责那些售货员，反而大肆赞扬。他对那些被客人投诉的售货员说："有客人称赞你们服务周到，希望今后继续努力。"这么一来，她们的服务态度开始自觉变好，笑脸迎向客人，业务也蒸蒸日上。

这正是巧妙地掌握了女性的心理的例子。 一般来讲，女性被人指责，她们会觉得自己遭到了否定，从而产生抵触心理。但如稍加称赞，她们便神采飞扬，变得非常积极。

2. 给他人一个美名

戴尔·卡耐基指出，如果你想要改变某人的态度，可以用这个方法："给他人一个美名，让他为此而努力奋斗。"

3. 用"赋予名号头衔"代替批评

有位食品店雇员总忘了把价格牌摆在各种物品前

面，这使得顾客都搞不清价格，并频频抱怨这件事。顾客与她交流谈话多次也不见改善。最后，舒密特先生把她请进办公室，跟她谈了请她负责全店的标价牌事宜，她立刻改变了态度。从那时起，她就非常负责地做她的价格牌监督了。

这样做也许有人会认为幼稚，但拿破仑也曾利用这种方法。当他定制了 15000 个荣誉勋章颁发给他的部下，又把 18 个将军升为"法国元帅"，并号称自己的部队是"无敌陆军"的时候，有人批评拿破仑用"玩具"玩弄出生入死的老兵，而拿破仑答道："人就是被玩具所统领的。"

这个"赋予名号头衔"的方法，任何人都可以尝试运用。

恩尼斯特·杰安特住在纽约史卡斯达尔，她非常烦恼，因为有一群淘气的男孩总踏过她的草坪，损毁了她的草地。怎么斥责、哄骗他们都不听。于是，她试着给那群孩子中最坏的一个起名号，给他权威感。她命他做她的"探长"，由他负责驱逐所有入侵草地者。果然，这个方法生效了。她的"探长"在后院警告其他的孩子别踏进草地，否则他就要给他们好看。果然，再也没有孩子入侵这块草地。

运用赞美处理棘手的人际关系

1. 用赞美摆脱异性纠缠

被异性纠缠是不少女性的烦恼。俗话说："爱美之心，人皆有之。"你年轻漂亮，别人想跟你亲近，不能一概斥之为"好色之徒"。怎样既能摆脱异性纠缠，又不至于影响到彼此的关系，这是摆在年轻女孩面前的一道难题。我们不妨先赞美他，在谈话中先恭维对方，从而使对方不好意思继续纠缠，迫使其打消邪念。

崔小姐相貌出众，是公司的销售代表。一次，她跟某公司经理谈判之后，经理悄悄邀请她："崔小姐，可以一起吃饭吗？"

她不得不按时赴约。见面后，经理非常高兴，情意绵绵。

两人边吃边谈。崔小姐主动控制局面，滔滔不绝地向他介绍公司的发展规划，并总是赞扬这位经理，称他是一位有风度、重名誉、有原则的现代企业家。

经理颇为得意，故作谦虚："不敢当，不敢当。"临别时，经理激动地说："你是个自尊自爱的女子！"

2. 用恭维对付高傲者

有位生性高傲的处长，一般生人很难接近，他的生硬冷漠面孔常使人望而却步。有位外地来的办事员有所了解之后，一见面就微笑着说："处长，我早听人说，处长是个爽快人，办事认真，富有同情心，特别是对外地人格外关照。我一听，高兴极了。我就爱和这样的领导共事，痛快!"处长的表情柔和了不少，接下来谈正事，果然大见成效。

这位办事员的成功便得益于开场白。他这样一说，对方就不好意思对一个尊敬自己的陌生人冷冰冰的了，自然会在维护自我形象的心理的支配下变得和蔼可亲起来。

使用恭维方式时需注意两点：一是要实事求是，恭维的内容要有据可依，对方才会感到高兴，如果凭空吹捧，清醒的高傲者会把你当成小人而更加小视；二是赞美要适可而止，赞美在这里不过是使高傲者改变态度的手段，要是只是称赞，而不及时转入正题，就失去了意义。

3. 赞美和宽容反对自己的人

清太祖努尔哈赤是清朝的开国皇帝。他以十三副盔甲起兵，经过数十年的艰苦创业，终于使满族渐能与明朝抗衡，最终取而代之。这里当然有许多原因，而努尔哈赤广揽人才，善于用人则是其中的重要原因之一。在他最初起兵统一女真各部落时便已笼络贤才，并善于发现和赞美包括敌方在内的勇士，显示了广阔的胸怀。

明万历十一年（1583 年）五月，努尔哈赤以报仇为名，开始了统一女真的征程。当时，女真各部落互不统属，"各部蜂起，皆称王争长，互相战杀，甚至骨肉相残"。努尔哈赤一开始被各股势力所包围，强敌环伺。因此，最大限度地笼络人心、争取人才，是他面临的首要任务。而努尔哈赤也适时展示了自己宽广的胸襟。

　　万历十二年（1584 年）九月，努尔哈赤率兵攻打翁科洛城，并亲自登高劲射。在战斗白热化时，翁科洛有一位守城勇士鄂尔果尼藏在暗处向努尔哈赤施放冷箭，努尔哈赤意外被射伤了。只见他果断拔出身上的箭继续指挥。这时，又有一个叫罗科的守城战士借烟雾的掩护，潜到努尔哈赤近处，一下射中努尔哈赤的颈项，箭镞卷如双钩，入肉一寸多。箭拔出之后，努尔哈赤昏厥过去。众军见状只能回营。努尔哈赤伤愈之后，再次率兵攻陷了翁科洛城，并生擒了上次射伤他的鄂尔果尼和罗科。众人愤怒地要杀死他们。在群情激愤的情况下，努尔哈赤显得十分冷静。他先是赞美他们英勇善战，有意收他们为自己的部下，于是对众人说："两敌交锋，志在取胜。他们听从命令射杀敌军统帅，是可以理解的。而我实在佩服两位的勇敢……"说罢亲自为二人松绑，并好言安慰，两位勇士被这一举动感动得流下了热泪，他们发誓从此为努尔哈赤忠心效力。努尔哈赤授二人为牛录额真，各统辖 300 名壮士。后来，鄂尔果尼和罗科英勇作战，为努尔哈赤在战场上屡建奇功。

得体的赞美让别人觉得舒服自然

1. 赞美对方过去的成就或行为

对于初次见面的人，最有效的赞美是哪一种呢？ 最好避免以对方的人品或性格为对象，而应称赞他过去的成就、行为或所属物等看得见的具体事物。 假设以"你真是个好人"来赞美对方，即使是由衷之言，也容易使对方产生"才第一次见面，你就知道我是不是好人"的疑念及戒备心。

如果赞美他人过去的成就或行为，情况就不一样了。 赞美这种既成的事实与交情的深浅无关，对方接受起来也比较容易。 也就是说，不是直接称赞对方，而是称赞与对方有关的事情，这种间接奉承在初次见面时比较有效。 如果对方是女性，那么赞美的最佳角度便是她的服装和装饰品。

一天，卡耐基被介绍给一位朋友的夫人，因为当时缺少适当的话题，他就顺口说了一句："你佩戴的这个坠子很少见，非常特别。"企图通过这句话掩饰当时的尴尬。他说这句话完全是无意的。因为卡耐基压根对女人的装饰品不了解。出人意料的是，这个坠子果然很特别，只有在巴黎圣母院才买得到，这是她的心爱之物。卡耐基随便说出的这句话，勾起了那位夫人对有关坠子的种种往事的联想，从此他们便成了好朋友。

赞美别人要做到恰如其分是件很不容易的事。 如果称赞不得法，反而会遭到排斥。 试想，一位本来很是为身材消瘦而苦恼的女性，当听到别人赞美她苗条、纤细时，又怎么会感到由衷的高兴呢？

2. 赞美女人的漂亮

赞美女性时，首先可从容貌方面设计你的话题。 女人之美首先是先天之美，如长相、身材、皮肤、头发等，同时还包括后天的修饰。 女人没有不喜欢别人赞美她漂亮的，因为"漂亮"这个词能使她充满自信。 你应当记住的是，女人的漂亮不光是她的脸蛋，她的眼睛、眉毛和嘴巴。 细腻的皮肤、漂亮整齐的牙齿、时尚亮丽的发型、苗条修长的身材都可以成为称赞的话题。

在生活中，很少有女人集所有漂亮特征于一身。 这时候，你就需要学会发现美。 法国艺术家罗丹说的话很值得我们三思："生活中并不缺少美，而是缺少发现美的眼睛。"我们在赞美女人之前还是要先观察一番。 比如，一个女人或许没有漂亮的眼睛，但是她的气质很好。 对一个不够漂亮的女人，千万不能做硬性赞美，这样只会弄巧成拙。 与此同时，对身材不好的女性也不可随便赞美她苗条俏丽，这样会让大家认为你在讽刺她。 对漂亮的女性，在称赞她时也不可仅停留于一般性的赞赏，否则也得不到应有的效果。

3. 把顾客赞美得愉悦舒坦

一家药房的老板在顾客一进门之时，就会马上起身迎接，满脸带着笑容诚心诚意地说："欢迎光临。"每个进门的客人听到这种愉悦的问候，都感到非常舒坦。

接下来，药房老板会说"你看起来真年轻"或者"你身上穿的这套衣服很漂亮"等使人听了舒坦且温馨的话。

此外，这位药房老板更是遵守"为顾客着想"的信念与原则。在顾客被客气地招呼之后，正感舒坦地说："请给我一瓶感冒药。"药房老板绝不会立刻递上感冒药，他反而改口说："您是哪里不舒服？"倘若顾客回答"喉咙痛"，药房老板紧接着会说："如果这样，你不能只服用感冒药。"这时，顾客一定会对药房老板不卖药的举动大感疑惑而纳闷地问："那么应该如何才好？"药房老板就会说："您看起来工作非常繁忙，除了吃药，还应该用营养品来强健身体，营养品更有利于你的感冒。"药房老板就这样轻而易举地说服顾客来购买维生素或蜂王浆等营养剂。

顾客因为药房老板的赞美，也就乐于接受建议，而且营养品给人的印象，确实是比药品好。就是这种策略，虽然营养品的价格比药品高出数倍，但还是使得老板卖出了更多的营养品，并且药房生意昌隆不衰。

4. 态度诚恳，表情认真

赞美别人之时，态度诚恳，表情认真是极为必要的。倘若你以漫不经心的态度向对方说一些听起来让人舒坦愉悦的话语，虽然赞美是礼貌性的，但有时对方非但不接受你的心意，反而会给对方留下虚伪的印象。所以，诚恳的态度、认真的表情是改变对方看法的重要策略。纵然所说的话确实与事实稍有不同，但是，只要极具诚意地表示出来，仍会使对方相信这是由衷之言，从而给对方留下良好印象，这是不证自明的道理。

一般来说，大部分的人都相当重视自己给人的第一印象。如果想要给他人留下良好的第一印象，就可以在首次会面时称赞对方年轻，不妨按实际年龄把对方的年龄打七折，这是最佳的策略。因为打九折所产生的作用不大，而打五折又有虚伪之嫌，所以折中下来，最佳的便是七折。

例如，对方是60岁的人，你要选择说"你看起来好像40多岁的样子"，而为了避免使对方感到被愚弄，在赞美对方年轻的当时，你必须要先奠定对方的确是40多岁的"心理"，再以认真的表情赞美对方。如此循序渐进、按部就班地实践，即使对方很清楚这仅是礼貌性并非真实的赞美，你的诚意依然会打动对方，使对方深感愉悦。

5. 适当地贬低自己就等于捧高了对方

当我们处于某些时间、场所，不便坦然对他人说出礼貌性的赞美时，不妨换个对象来表达，没准会得到远超所期望的效果。

贬低自己就是个诀窍。适当地贬低自己，也能相对地捧高对方。即使是不善言辞或不善于称赞的人，也能轻而易举地使用这种方法，以此达到捧高他人的目的。

比如，我们在参加某店铺开张的庆祝会时，即使那是一家不怎么样的店铺，我们也要依场合不同来为庆祝会增添一些喜气。 我们可以说些贬低自己、捧高对方的话："这店铺看起来真不错，连室内的装潢都很考究。 不像我经营的那家店，门没做好，窗户也是一大一小。"

这样将对方和自己作具体的比较，并技巧性地说自己略逊对方一筹，使得对方由于被人捧高而兴起优越感，那对方心中的舒坦自是不可言喻的。

相反的，如是用轻视的口吻对主人说："店铺的柜台再宽一点会比较好。 下次整修时你们一定要记住啊！"

这样毫不客气地在对方庆祝会上提出问题，对方一定会大感不悦，从此对你产生敌意。 这就是不谙人情世故所要承受的恶果。

当与他人初次晤面的时候，在双方互相不了解的情况下，彼此心中可能都会提高警觉，谈话也总是不够热烈，因此常会有尴尬又不自在的附和性对话。 这时，不妨把自己的失败教训作为话题。 即使你不擅长捧高他人，也能通过贬低自己而达到捧高他人的效果。

在你听到对方说"我前天做了一件丢脸的事情"之时，想必你的脸上会浮现微笑，心情轻松地听他继续说下去。 炫耀自己仅会让别人感到反感，而谈及自己的失败教训，不但会增强对方的自尊心，更能打开对方的心扉，让他坦然地接受你。 因此，先贬低自己，再同他人谈话，实在是赢得他人欢欣的聪明策略。

6. 向别人请教就是对他的赞美

一位长岛的汽车商人，利用赞美的技巧，把一辆二手汽车成功地卖给了一位苏格兰人。刚开始，商人带着那位苏格兰人看过一辆又一辆车子，但他不是说这不适合就是说那不好用，还嫌价格太高。

这位商人在思索了很长时间之后，决定停止向那位苏格兰人推销，而让他自主购买。

几天之后，当有位顾客希望用他的旧车子换一辆新的时，这位商人想出了新的办法。他知道，苏格兰人可能对这辆旧车子感兴趣。于是，他打电话给苏格兰人，请他过来一下，希望帮个忙，提供一点建议。

当苏格兰人来了之后，汽车商说："你是个很精明的买主，你懂得车子的价值。能不能请你看看这辆车子，试试它的性能，然后把这辆车子的信息告诉我，我看应该出价多少才合算？"

苏格兰人的脸上泛起一个大大的笑容。终于有人请教他了，他的能力已受到赏识。他把车子开出去兜了一圈。"如果你能以 300 元买下这辆车子，"他建议说，"那你就买对了"。

"如果我能以这个价钱把它卖掉，你愿不愿意买它？"这位商人问道。

300 元，这是他的建议，他的估价。这笔生意立刻成交了。

7. 先赞美，再提要求

一位杂志社的编辑，是邀作家写稿的高手。 但这人并不能言善道，他对"我太忙了，无时间写稿……"的作家，只说一句："我知道您很忙，正由于您很忙才使得我邀您写稿，太闲散的人是不会有好作品的。"他以这样的方式邀请忙的作者写稿，从未失败过。

一般来说，用强烈理由拒绝的人，要他答应一件事情是相当困难的，因为这种人有充分的心理准备，所以"请你帮忙……"之类的恳求语，会使他感到厌烦。 对这类人，先将对方的理由夸奖一番再提要求也许有效。

应用此法最得心应手的是化妆品推销员。 当他们第一次与用户见面时，主妇大都不会买他们的化妆品。 这时，推销员会说："从你又细又嫩的皮肤就知道你不需要化妆品。"听到此话，不动心的女性是很少的，然后推销员再加一句："可是，夏天的骄阳会损伤你这么好的皮肤……"这样一说，就会使主妇高高兴兴地掏钱。

把握好赞美他人的度

赞美的话人人都爱听，但"真理向前跨越一步就是谬误"。人们对适度的赞美会感到舒畅；反之，则会感到十分尴尬。

1. 注重过程

这些情况我们可能都体验过。当你夸奖朋友取得的成绩时，他会说："你不知道我付出了多少心血！"言语间流露出你不知其艰辛、看结果不看过程之意。相反，如果你说："真不错，一定花了你许多的心血吧！"就会使他心里舒服，认为你很了解他。可见，夸奖付出是必不可少的，甚至效果更佳。

其实，很多人做事注重过程胜于结果。如果你人云亦云地夸奖他取得的成果，不仅有势利之嫌，还会让人这样想："要是我失败了会怎么样？"因而对你心生厌恶也未可知。很多名人讨厌记者的采访，也许就是因为有此感。

2. 及时赞美

赞美应见机行事、适可而止。

某电视台的老张是一名老编辑，他工作总是勤勤恳恳。在他生日时，全室人员为他庆祝，新闻中心主任在祝词中是这样说的："多年来，老张工作勤勤恳恳，甘于奉献，却从不争荣誉、邀功劳。在您生日之际，我代表全室人员祝贺您！"主任的一番话令老张很感动，他认为这是领导对自己的肯定。

你把下属当成左膀右臂，使他们认为自己很重要，这样赞美别人怎么会不赢得人心呢？

3. 频率适中

这里的频率是指相对时期内赞扬同一个对象的次数。次数太少，起不到应有的作用；次数太多，应有的效果也会被削弱。而赞扬的频率是否适中，是以受赞扬者优良行为的进展程度为尺度的。如果被赞扬者的优良行为同赞扬的频率成正比，则说明达到了适度的赞扬频率；如果呈现反比，则说明赞扬的频率已经到了"滥施"的程度。

4. 要有前瞻性和预见性

赞美不仅要符合眼前的实际，而且要高瞻远瞩，前瞻性和预见性是必不可少的。那样才能提升你赞美的高度，你的赞美才能经得起推敲和时间的考验。

有些东西是相对稳定的，如人的容貌、性格、习惯等，这方面比较容易称赞；而有些东西则不稳定，如人的行为、成绩、思想、态度等，若从长远考虑，要谨慎地进行赞美。

用谦卑的心去赞美

1. 虚心请教

有时，当一个人的爱好众所周知时，对于你的赞美和恭维，对方会没什么感觉，如一阵风吹过耳畔，脑中留不下半点痕迹。这时，只要你虚心讨教，作毕恭毕敬状，他定会耐心地向你传授其中"诀窍"。

于飞到一位擅长书法的老师家去拜访，书法便自然成为话题。于飞谦虚地说："林老师，这些年我虽然努力练字，书法水平却没什么提高，恐怕主要是不得要领，请您稍稍泄露点'秘诀'如何？"林老师非常兴奋，绘声绘色地讲起他的书法"经"来："我最大的体会就是练字'无剑胜有剑'，就如令狐冲练剑一样，并非整日坐在那里练字不可……"于飞非常高兴地说："现在得您'真经'，以后用心去练，定会大有长进。"林老师很高兴，临别时还赠了于飞几幅字让他临摹。

这说明了"无赞胜有赞，无声胜有声"。

2. 欣赏其优势

有时，你面对的人群有优越心理，你很难同其进行交流，谦卑的赞美将是最好的敲门砖。

这是一个叫李运生的人自述的一段经历：

大千世界，人们素质各不相同，而一旦我们把握了听者的脉搏说话，就会使其像小禾吮甘露一样，顿感滋润和妥帖。一次，我在某大医院教歌的时候，开始，人们对我这个"当兵的"并不"感冒"，以致工会干部介绍我时，并未引起人们的注意，下面仍然叽叽喳喳聊个不停，面对这种情景，我拿出喊番号练成的嗓门先喊了一句话："同志们，请大家给我这张陌生的面孔一个礼节性的回报，静一下。"这一软中带硬的祈使句，令场上立马静了下来。我接着说："现在我站在这里，心里很紧张，因为我们这家医院集中了全省医学界学历、水平最高的专家和学者，大家的职责就是拯救生命、延续生命，最讲究争分夺秒，所以，我没有用我多余的话来浪费大家生命的权利，我的义务是把我支配的这点时间都用于教歌，我希望我们的合作不会留下任何遗憾和不愉快。"一席话说到了大家的心里，人们安静地回到自己的座位上，认真地学唱歌，再也没有因为维持秩序而耽误时间。

李运生针对对方基本素质的状况说话，对其优势进行了慷慨而准确的赞赏，称其为"学历、水平最高的专家和学者"，并强调其工作的重要性、崇高性，让人易于接受。

谦卑之心，并没有削弱你的形象，反而令你更为真实可爱。承认别人的优势，尊重并欣赏别人的优势，你会拥有更多的朋友，更好的沟通体验，更多的快乐。

3. 肯定其强项

俗话说："尺有所短，寸有所长。"通过细心的观察，你将发现弱者也有其强项，充分肯定它，你将变得更有人缘。谦逊而诚挚地赞美他人，他人就能够扬长避短，更好地发挥优势；同时，一个谦逊的人因懂得欣赏也会更富人格魅力。

迈克尔·乔丹不仅是家喻户晓的篮球明星，而且是美国青少年崇拜的英雄人物之一。他在篮球场上的高超技艺举世公认，而他在待人处世方面的品格也很值得敬佩。其中有一个突出的特点，就是他很擅长发现和赞扬别人的优点和长处。

为了使芝加哥公牛篮球队连续夺取冠军，乔丹意识到必须把"乔丹偶像"推倒，以证明"公牛队"不等于"乔丹队"，1个人绝对胜不了5个人。人们常忽视这个浅显的道理。在训练中，乔丹执意要将队员们的信心鼓动起来，变"乔丹队"为5个人的"公牛队"。

有一次，乔丹向队友皮蓬问道："咱俩谁投3分球更好些？"

"你！"皮蓬说。

"不，是你！"乔丹极其肯定。

乔丹投3分球的成功率为28.6%，而皮蓬只有26.4%。但乔丹对别人解释说："皮蓬投3分球的动作规范、自然，他对此很有天赋，以后还会更好。而我投

3 分球还有许多弱点！"

乔丹还告诉皮蓬，自己多用右手扣篮，或习惯性地用右手帮一下。而皮蓬双手都行，用左手更好一些。连皮蓬自己都未注意到这一细节。

皮蓬是公牛队最有希望超越乔丹的新秀。小乔丹 3 岁的皮蓬被他视为亲兄弟。他说："每回看他打得不错，我就非常高兴，不然则很难受。"

1991 年 6 月，在美国职业篮球联赛的决战上，皮蓬夺得 33 分，超过乔丹 3 分，成为公牛队在这个赛季的 17 场比赛中得分首次超过乔丹的球员。这是皮蓬的胜利，更是乔丹的胜利。

发自内心的称赞最能使人愉快

一个人心存感激和懂得赞誉他人是一种美德。 不能发现别人优点的人，要么非常优秀，要么极其狂妄。 我们为何看不到周围的人的优点呢？ 既然能看到他们的优点，为何不能由衷地赞美呢？ 发自内心地赞美别人和诚恳地批评别人一样会令人欣慰。

一位举止优雅的妇女对一个朋友说："今天晚上你做了一次十分精彩的演讲。 我情不自禁地想，你当一名律师该会是多么出色！"这位朋友听了评语后很是意外，像小学生似的红了脸，露出无限感激的神态。

真心诚意的恭维可以打动所有人。 哈佛大学弗尔帕斯教授经历过这样一件事：

> 有一年夏天，天气又闷又热，他走进拥挤的列车餐车去吃午饭，在服务员递给他菜单时，他说："那些在炉子边烧菜的小伙子肯定不好受。"
>
> 那位服务员听了后意外地看着他说："上这儿来的人要么抱怨这里的食物，要么指责这里的服务，要么就是由于车厢内闷热而大发牢骚。19 年来，你是唯一对我们表示同情的人。"

所以，只有真诚的称赞，才能使别人感到称赞者是在发现他的优点，而不是明显功利地去称赞他，从而使他自觉自愿地"打开"称赞者所需要的"金石"，以达到称赞的最终目的。

第六章

有求必应，话到位了，事就成了

用"是"说话，用心诱导

在某汽车公司工作的小芳连续三次被评为"金牌"业务人员，她是如何做到的呢？我们先来看一段她与顾客的对话。

小芳：请问你想买多大吨位的车？

顾客：很难说，大致两吨吧！

小芳：不太确定，对吗？

顾客：是这样。

小芳：选择卡车的型号主要取决于两个方面，一方面要看你运什么货，另一方面要看你在什么路上行驶。你说对吗？

顾客：对，不过……

小芳：假如你在丘陵地区行驶，加上冬季持续时间较长，这时汽车的发动机和车身所承受的压力是不是比正常情况下要大些呢？

顾客：是这样的。

小芳：你们冬天出的车比夏天多吧？

顾客：没错，多多了，夏天生意不行。

小芳：有时候货物太多，又在冬天的丘陵地区行驶，汽车是不是总处于超重状态？

顾客：对，那是事实。

小芳：从长远来看，选择车型主要取决于什么？

顾客：你的意思是……

小芳：从长远来看，你怎样判断一辆车买得值不值呢？

顾客：当然要看车的使用寿命。

小芳：一辆总是超负荷和一辆从不超载的车，你觉得哪一辆寿命更长些呢？

顾客：当然是马力大、载重多的那辆。

小芳：所以，我觉得一辆载重4吨的车可能对你来说更划算。

顾客表示赞同。

小芳就是在平淡无奇的谈话中，设法让顾客跟着她的思路走，以达到她的目的。

我们在求人，特别是求陌生人时，对方能不能全力帮助我们把事情办成，关键是什么？ 关键在于我们能否让对方跟着我们的思路走。 这种行为就是"诱导"。

迎合有道，投其所好

每个人都渴望被他人理解，若与被求之人有了情感共鸣，满足了对方"被人理解"的心理，就会拉近彼此的心灵距离，对方也就乐于帮忙了。所以，在交谈中，要想说服对方，就应该投其所好，这样你的话才能对对方产生作用。

有一次，美国黑人出版家约翰逊想让真尼斯无线电公司在其杂志上刊登广告。当时真尼斯公司的领导是麦克唐纳，他既聪明又能干。约翰逊写信给他，请求和他面谈真尼斯公司广告在黑人社区中的利害关系。麦克唐纳马上回信说："来函收悉，但不能与你见面，因为我不负责言行方面的事。"

约翰逊不愿让麦克唐纳用这种方式来避开他，他拒绝投降。因为答案是再清楚不过的：麦克唐纳管的是政策，相信也包括广告政策。约翰逊再次给他写信，要求见面，交谈一下关于在黑人社区所执行的广告政策。

"你真是个固执的年轻人，我们可以面谈。但是，如果你要谈在你的刊物上安排广告的话，我就立刻拒绝见面。"麦克唐纳回信说。

这样，一个新问题就出现了：他们该谈什么呢？

约翰逊翻阅《美国名人录》，发现麦克唐纳是一位探险家，在亨生和皮里准将到达北极那次探险之后的几年，他也去过北极。亨生是个黑人，曾经将他的经验写成书。

这对约翰逊来说是个机会。他让公司在纽约的编辑去找亨生，求他在自己所写的书上签名，好送给麦克唐纳。约翰逊还想起亨生的事迹可以作为故事的题材，这样他就从未出版的七月号月刊中抽掉一篇文章，改登一篇文章来介绍亨生。

约翰逊刚步入办公室，麦克唐纳第一句话就说："看见那边那双雪鞋没有？那是亨生给我的，我把他当作朋友。你熟悉他写的那本书吗？"

"熟悉。刚好我这儿有一本，他还特地在书上为您签了名。"

麦克唐纳翻了翻那本书，然后用挑战的口吻说："依我看，你出版的杂志中应该有一篇介绍亨生的文章。"

约翰逊表示同意他的意见，并将一本七月号的杂志递给他。他翻阅那本杂志，并点头赞许。

"你知道，我们有很多理由在这本杂志上刊登广告。"麦克唐纳说。

生活中，我们都要跟陌生人打交道。如果你能够通过仔细的观察和揣摩发现对方的独特之处，就可以找到一些可以交流的话题。

有一次，著名相声演员马季到山东烟台市演出，几家新闻单位的记者纷纷前来采访，不料，马季先生一一婉言谢绝，这使记者们十分失望。这时，一位记者再次叩响了马季的房门，说："马季先生，我是一个相声迷，我对现在的相声表演有一些自己的看法……"马季先生一听，便十分热情地接待了他。

这位记者正是利用他和对方对相声的共同爱好这一点，巧妙地打开了马季先生的"话匣子"，顺利完成了采访任务。

因人而"捧"，搔到痒处

求人办事时，为了拉近彼此的心理距离，更为了能办成事，我们不妨"捧"他几下。所谓"捧"，并不是"瞎捧"，也不是"乱捧"，而要因人而捧，因为每个人各有所短，也各有所长。

战国时期，韩国给大臣段乔15天的时间，让他负责修筑新城的城墙。有一个县拖延了两天，段乔就逮捕了这个县的主管官员，将其囚禁起来。为了救出父亲，这个官员的儿子找到管理疆界的官员子高，让子高去替父亲求情。子高答应了。

见了段乔后，子高并没有直接要求段乔放人，而是和段乔共同登上城墙，故意左右张望，然后说："这墙修得太漂亮了，真是了不起。功劳这样大，并且整个工程结束后又未曾处罚过一个人，真让人佩服啊！不过，我听说大人将一个县里主管工程的官员抓来审查，我看大可不必。整个工程修建得这样好，出现一点小问题又没什么，何必为一点小事影响您的功劳呢？"

段乔见子高如此评价他的工作，心中甚是高兴，又觉得子高的说法也合情合理，于是便把那个官员放了。

那个官员被放出来的原因就在于子高的求情。子高把一顶高帽子给段乔戴上，然后就事论题，深得要领，让人大声叫好。 其实，一般人都存在顺承心理和斥异心理，容易接受那些合自己心意的东西。 因此，顺应事物的发展规律，巧言游说，便容易成功。

　　有个公司的总经理结合自己的工作实践撰写了一本《经商之道》，部门经理称赞道："你真不该选择在企业工作，如果你专门研究经营管理，相信你一定会成为商务管理专家。"

　　总经理听完部门经理一席话，不满地说："你是指我不能胜任现在的工作，只有另谋他职了?"见总经理产生了误解，本来想给总经理"戴高帽"的部门经理吓得头冒虚汗，连忙解释说："不，不，不，我不是这个意思，我是说……"

　　还是秘书过来替部门经理打了个圆场，说道："部门经理是想说您多才多艺，不仅本职工作抓得好，其他方面也非常出色。"

　　可见，同是"捧"一个人、"捧"一件事，不同的表达方式就会产生极为不同的结果。

　　"捧"不等于奉承，不等于谄媚。 人通常都只看到别人的短处，看不见别人的长处，所以，往往会有"欲捧而已无可捧"之感。 其实，只要你能明白"人无完人"的道理，忽视他人的短处，看到他人的长处，可捧的地方多着呢!

蛇打七寸，人从利害

　　某商店有位营业员很会做生意，他卖出的东西比其他人都多，有人问他："是不是因为能说会道，所以生意兴隆？"他回答说："不是，是因为我永远为顾客着想。"

　　有一天，某位顾客不时用手摸摸摆在柜台上的布料，却不肯买货。凭经验，营业员知道这位顾客肯定是想买这块布料，于是，赶忙迎上前去说："您是想买这块面料吗？这块面料虽很不错，但是您要仔细看，这块布料染色深浅不一，我要是您，就不买这一块，而买那一块。"

　　说着，营业员又从柜台里抽出一匹带隐条的布料，在灯光下展开，接着说："您像是机关里的干部，年龄和我差不多，用这种布料做出来的衣服会更好看些，美观大方。要论价钱，这种面料比您刚才看到的那种每米多三块钱，做一套衣服才多七块钱，您仔细想想，哪个合算。"

　　顾客见这位营业员如此热情，居然处处为自己着想，于是不再犹豫，买下了营业员推荐的布料。

　　这位营业员能成功做成这笔生意，就是因为运用了"打蛇打七寸"的方法。营业员站在买者的立场上替顾客精打细算，消除了对方的戒备心理，而且使对方产生了认同感，故而说服了对方，做成了生意。

俗话说："人为财死，鸟为食亡。"虽然并非人人如此，但人要生存，就离不开各种与己有关的利益，因为人们毕竟生活在一个很现实的社会里。所以，当你试图劝说别人时，应当告诉他这样做对他有什么好处，反之会有什么不良后果，相信他肯定会有所触动。

巧妙恭维，赢得支持

生活中，我们如遇见难以克服的困难，常常会求助于亲朋好友。然而，求助的结果往往大不相同：有的人用词得当，说得被求助者心情愉快，使其愿意提供真心实意的帮助；而有的人因为谈吐不当，弄得被求助者心急气恼，求助者不仅得不到帮助，而且还伤了双方的和气。由此可见，求人也是有学问的。

  柯南·道尔几乎不给别人签名留念。

  有一次，他收到一封从巴西寄来的信，信中说：

  "我很渴望能够有一张附有您亲笔签名的照片，然后，我将它放在我的房间里。这样的话，我不仅天天可以看见您，而且我坚信若有贼进来，一看到您的照片，一定会被吓跑。"

  收到信的当天，柯南·道尔就很爽快地给对方寄去了一张亲笔签名的照片。

"吹喇叭得吹到点上"。求人办事也一定要从小处着眼、虚处做功，挖空心思迎合所求之人。因此，只有把话说到对方心里去，对方才能心情舒畅，浑身舒坦，所求之事也就好办多了。

生活中，要想让自尊心特强的人帮忙做事是非常困难的。

要这种人主动地帮忙，必须针对他的自尊心，强调其能力，满足其优越感，这样的话，他必会为你好好地努力一番。

在请求他人答应自己的要求时，应强调他在任何方面都比别人强，唯有他才能胜任。最重要的是要让他觉得你不是随便求他帮忙的，所以，一开始便要说："我认为只有你才能办到。"或以无限信任的口吻说："只有你才有这个能力。"并做出"除你之外没有第二人选"的结论，那么他多半会答应你的。

总之，求人办事时不妨多恭维他几句，这样既简单又能解决你的问题，何乐而不为！

生活中，朋友的鼎力支持和真诚赞美会让你觉得很舒服。但要记住的是：你的话必须由衷而诚实。如果得不到回报，这就表示朋友认为你的话不够真诚。如果让对方觉察出你的奉承别有用心，那么你对他的奉承就毫无价值了。

要有效地使用真诚的奉承，就得学会如何不着痕迹地奉承，千万不要在奉承中包含埋怨或其他的暗示性字眼。例如，你常常让你的某个朋友帮你做件事，但他老是忘记。有一天他终于将这件事做好了，于是你说："很高兴，你终于做好了，真不容易啊！"这种做法就如同你给小孩一块糖又把它拿回去一样，还不如开始就不给。因此，真诚的奉承必须是单纯的，就事论事，更重要的是要说到对方的心里。如此一来，对方也就会答应你所求之事了。

迂回诱导，以话套话

弗利特曼和弗利哲是美国斯坦福大学的两位教授，他们曾对一位家庭主妇巴特太太做了一个有趣的实验。他们打了个电话给她："这儿是加利福尼亚州消费者联谊会，为了了解消费者的一些具体情况，我们想请教你几个关于家庭用品的问题。"

"好吧，请问吧！"

于是，他们提出了一两个家里使用哪一种肥皂这样的简单问题。当然，不仅仅是巴特太太接到了这个电话。

过了几天，他们又打来了电话："对不起，又打扰你了，现在为了扩大调查，这两天将有五六位调查员到你家当面请教，希望你多多支持这件事。"

这实在是件不好办的事，但巴特太太居然也同意了，这是什么原因呢？原因是有第一个电话的铺路。相反地，那些没有接到第一个电话的人却拒绝了他们。最后得出结论，同一件事，前一种答应他们的占 52.8%，后一种只有 22.2%。

有求于别人时，应由小到大、由微而著、由浅及深、由轻加重，如果一开始就有太大的请求，对方肯定会断然拒绝。 所以，求人办事时要迂回诱导。

欲取先予，善说"忠"话

说"忠"话，即说表达忠心的话，说些表真诚并希望为对方奉献一切的话。所谓欲取先予，就是这个道理。

为消除楚王的戒心，江乙曾劝安陵君对其示忠，安陵君当时只是说："我谨依先生之见。"

但是三年过去了，安陵君依然没对楚王提起这句话。江乙为此又去见安陵君："我对您说的那些话，至今您也不去说。既然我的计谋你都不采用，那我就不敢再与您见面了。"言罢便要告辞。

安陵君急忙挽留，说："我怎敢忘却先生教诲，只是时机还未到。"

又过了几个月，安陵君终于等来了好时机。楚王到云楚打猎，一千多辆奔驰的马车接连不断，旌旗蔽日，野火如霞，声威壮观。

这时，一头狂怒的野牛顺着车轮的轨迹奔过来，楚王一箭正中牛头。百官和护卫欢声雷动，齐声称赞。楚王抽出带牦牛尾的旗帜，用旗杆按住牛头，仰天大笑道："痛快啊！今天的游猎，寡人何等快活！待我万岁千秋以后，你们谁愿意继续追随我呢？"

安陵君抓住时机，泪流满面地上前说道："我一进宫便与大王同席共座，出宫后更与大王共乘一车。如果大王万岁千秋之后，我希望能继续追随大王，变作芦草为大王阻挡蝼蚁，那便是我最大的荣幸。"

楚王闻听此言，深受感动，正式设坛封他为安陵君，并对他大为宠信。

安陵君的过人之处就在于他有充分的耐心，能静待时机。然而等待时机绝不等于坐视不动。

《淮南子·道应》云："事者应变而动，变生于时，故知时者无常行。"安陵君利用有利时机表示忠心，最终成功地获得了楚王的信任。

求人办事，真诚的语言最有魅力

真诚的语言是最能打动人的，巧妙地运用充满真情诚意的话语，可以促使说者与听者产生情感共鸣，可以使双方的关系变得融洽，从而营造出一种良好的沟通氛围，赢得广泛的人际关系，为成功创造有利的条件。

1915 年，小洛克菲勒还是科罗拉多州一个不起眼的人物。当时美国发生了美国工业史上最激烈的罢工，并且持续两年之久。愤怒的矿工要求科罗拉多燃料钢铁公司提高薪水，小洛克菲勒正负责管理这家公司。由于群情激奋，公司的财产遭到破坏，军队前来镇压，因而造成流血事件，不少罢工工人被射杀。

那种情况，可以说是民怨沸腾。小洛克菲勒后来却赢得了罢工者的信服，他是怎么做到的呢？

原来，小洛克菲勒花了好几个星期结交朋友，并向罢工者代表发表了一次充满真情的演说。他的那次演说可谓不朽，不但平息了众怒，还为他自己赢得了不少赞誉。演说的内容是这样的："这是我一生当中最值得纪念的日子，因为这是我第一次有幸能和这家大公司的员工代表、公司行政人员和管理人员见面。我可以告诉你们，我很高兴站在这里，有生之年都不会忘记这次聚会。假如这次聚会提早两个星期举行，那么，对你们来说，我只是个陌生人，我也只认得少数几张面孔。但由于上个星期以来，我有机会拜访附近南区矿场的营地，私下和大部分代表交谈过，我拜访过你们的家庭，与你们的家人见过面，因而现在我不算是陌生人，甚至可以说是你们的朋友了。基于这份相互的友谊，我很高兴有这个机会和大家讨论我们的共同利益。由于这个会议的参与者是由资方和劳工代表所组成的，承蒙你们的好意，我得以坐在这里。虽然我并非股东或劳工，但我深觉与你们关系密切。从某种意义上说，也代表了资方和劳工。"

这样一番充满真诚的话语，是化敌为友的最佳途径。假如小洛克菲勒采用的是另一种方法，如与矿工们争得面红耳赤，用不堪入耳的话骂他们，或用话暗示错在他们，用各种理由证明矿工的不是，那么结果只能是招惹更多怨恨和暴行。

此外，在人际交往中，我们经常会遇到"祝贺"这种交往形式。祝贺，一般是指对社会生活中有喜庆意义的人或事表示良好的祝愿和热烈的庆贺。通过祝贺可以表示你对对方的理解、支持、关心、鼓励和祝愿，以抒发情怀，增进感情。

祝贺的语言要真诚、富有感情色彩，语气、表情、姿态等都要有感情。这样才会有较强的鼓动性与感染力，才能达到抒发感情、增进友谊的目的。

道歉也是人际交往中常见的交流活动。为人处世，犯错误总是难免的，"人非圣贤，孰能无过"。不过，人们却非常重视犯错误后的态度。所以，犯错误时，我们首先要坦率承认、真诚道歉。

你道歉的时候态度要真诚，别人才可能原谅你。而有的人在犯错时态度极差，道歉时让人看不到一丝真诚，有的甚至根本就不道歉，只是一味地为自己辩解不休。结果，使双方关系的裂痕越来越大。

古人云，"有朋自远方来，不亦乐乎"，"最难风雨故人来"。道出了朋友间所凝聚的真情厚谊，反映了朋友间肝胆相照、充满真诚的交往过程。可以说，充满真诚、以诚暖人是打动人心的重要因素，也是成功办事的重要条件。

第七章

拒之有道，不伤和气的拒绝术

合理拒绝有技巧

生活中，难免要应付各种各样的人和事。其中，有积极的，也会有消极的；有符合自己意愿的，也有不符合自己意愿的；有我们赞成的，也有我们反对的；有我们乐意接受的，同时也有需要拒绝的。那么，如何处理这些事情，则构成了我们日常生活的主要内容，并影响着我们的人生。

尤其是拒绝他人时应更加注意。因为合理拒绝他人不仅能塑造我们自身的良好形象，而且对我们处理好各种人际关系也有着积极的意义。

拒绝人的关键是掌握拒绝的技巧，该怎样做才能处理好呢？

1. 态度要诚恳

在现实生活中，常有这样的事情发生：

李伟一直是班上成绩很好的学生，也是一个乐于助人的孩子。近一段时间，每天放学后，他都会准时和另外两个同学"隐姓埋名"地去帮助一位孤寡老人。一天放学后，他正准备出发，被学习较吃力的王波拉着让他讲解一道数学题，他一看时间快到了，又觉得那是老师讲过的简单试题，便说："这道题这么简单，你自己想吧，我还有事呢！"然后就走了。王波一气之下，再也不理李伟了。

虽然李伟不是有意的，但别人并不知道，就容易让人产生不良情绪，这样就不值得了。 拒绝时要以诚恳的态度让对方了解你拒绝的真正原因才较为妥当。

2. 语言温和

当你在说"不"前，要让对方了解你之所以拒绝的苦衷和歉意，说话态度要诚恳，语言要温和。

3. 尽量避免语义含糊的字眼

如"我再考虑考虑"等，这种说法容易给对方造成误解，或许对方还以为你真的在思考，而实际上你是在表示拒绝，这样一来，反而耽误了对方。 所以，拒绝时不要使用语义含糊的字眼。

4. 巧妙脱身

快毕业了，李小阳的同学组织了毕业聚会，他应邀参加。在聚会上，他本来不想喝酒，而且自己也喝不了多少酒，但是想到这么多同学难得聚到一起，在大家的劝说下，和大家一起喝了起来。谁知这么多同学在一起，越喝越来劲，越喝越多，最后大家都喝得多了些。到了大街上，他们和另外一群年轻人发生了冲突，以致大打出手，酿成一起流血事件。当然，双方都受到了处罚。

　　而当时参加聚会的另一名同学王强则采取了一种巧妙的办法离开了聚会，也同时避免了打架事件。王强当时看到大家越喝越多，又不听劝阻，更不能拒绝同学的盛情劝酒，便考虑怎样才能妥善离开。他借上厕所的时机，到服务台给家里打了一个电话，叫家里人马上拨此电话说找他有急事。大家喝得正高兴时，服务员一句"谁是王强，你家里有急事找你"，让王强名正言顺地"安全撤退"。

　　这也是一个拒绝他人的好方法，或许看上去这是用谎言的方式，其实善意的谎言比生硬的拒绝要好得多。

　　任何人都不希望"品尝"被拒绝的滋味，更不希望用拒绝的话伤害到别人，可是，迫于各种需要又不得不说。此时，只能培养自己把拒绝的话说得更动听，好让别人欣然接受。

说话留余地，歧义拒他人

一位著名作家生病了，人们竞相去探望，但她不愿意听那些腻得如吞了大碗肥肉、重复了千百次的安慰话，于是将"谢绝探访"的牌子悬于门口。不仅如此，她还主动给一位要来看望她的朋友打电话："听说你要来看我？"

"是，是，今晚就去。"朋友说。

"可是……我动手术的那个部位实在不方便让你看到呀！"

朋友哑然失笑，决定不去探视了。

像这样用歧义拒绝他人的方法，不单单是名人可以巧妙运用，普通人一样能够巧妙使用，且一样能收到很好的效果。

一对青年男女在一起工作，男孩渐渐对女孩动了心。女孩虽然能够感受到男孩对她的依恋，但不想与他向男女朋友的方向发展，或许友情能更为长久。

一天，男孩准备向女孩表白。女孩从他的表情中已经看了出来，之前便做好了准备。

男孩："我想知道，你是不是喜欢……"

女孩："哦！我喜欢你给我借的那本书，忍不住看了两遍，还是意犹未尽。"

男孩："难道你感觉不到我喜欢……"

女孩："我知道你也喜欢那本书，以后咱们交换一下学习心得吧。"

男孩："你有没有……"

女孩："这么巧呀，难道你也是这样想的？"

男孩："……"

这位女孩运用有歧义的话，三次中断了男孩想说的话题，使男孩明白了她的想法，于是不再问。这比男孩直接表白，而女孩当面予以拒绝，效果要好得多。

用歧义拒绝他人最关键的一步就是了解对方的心理，能够"未闻全言而尽知其意"，然后从容应对，用对方话语中的歧义搪塞对方的要求，间接地拒绝别人，还不会伤到彼此之间的感情。

拒绝应该恰到好处

1. 温和但又坚定地说"不"

当你仔细倾听后明白同事的要求，知道自己需要去拒绝时，说"不"的态度既要温和又要坚定。 好比同样是药丸，外面是一层糖衣的药，就更易使人接受。 同样的，委婉表达拒绝，比生硬地说"不"效果好得多。

例如，当对方的要求不符合公司或部门的有关规定时，委婉地向他解释自己的能力，并暗示对方如果自己帮了这个忙，就超出了自己的工作范围，不符合公司的要求。 在自己的工作已经排满、真的无法帮助的情况下，要让他清楚自己工作的先后顺序，并暗示他，如果帮他这个忙，就会耽误自己手头上的工作，自己会相当麻烦，也会给公司带来一定的影响。 一般来说，同事听你这么说，一定会知难而退，而去想其他办法。

2. 多一些关怀与弹性

有时候拒绝需要很长一段时间，因为对方会隔一段时间又提出要求来。 若能由被动变成主动，真诚地关心对方，同时也让对方理解你，就可以避免拒绝他人时的尴尬。 当双方情况都有所变化时，也可以真的去帮助他。

拒绝过程中，除了技巧，真诚与关怀也不能少。 若只是随随便便地敷衍了事，对方也会看得到。 这样，会让人觉得你是一个不诚恳的人，会影响你的人际关系。

总之，只要你是真心的，对方一定会了解你的苦衷，你也会成功地拒绝对方。

3. 不妨先倾听一下，再说"不"

在工作中，当你的同事向你提出要求时，他们心中通常也会有某些困扰或担忧，担心你会马上拒绝，担心你会给他脸色看。因此，当你决定说"不"前，首先要倾听他的诉说。最好的办法是，让自己充分知道对方的情况，这样自己才能知道如何帮他。接着告诉他自己爱莫能助的原因。若是你易地而处，也一定会如此。

"倾听"能让对方感受到自己被尊重，在你婉转地说"不"时，也能避免伤害他人的自尊。你拒绝是因为自己有一定的工作负荷，倾听可以让你清楚地界定对方的要求是不是你分内的工作，是否是自己能帮助的事情。或许有时虽然是别人的请求，但协助他有助于提升自己的工作能力与经验。这时候，在工作之余，牺牲一点自己的休闲时间来帮助对方，对自己的职业生涯绝对是有帮助的。

其实，生活中需要拒绝他人的时候有很多，必须学会怎样去拒绝。懂得拒绝，就能充分计划自己的生活，做一个有个性且自由自在的人，而不会被徒增的劳务累坏自己。懂得拒绝，将让自己终身受用。适宜的拒绝，有时非但不会影响到自己，反而能得到他人的敬佩与尊重。

拒绝他人时关键要看你怎么说，怎么灵活地、从容不迫地运用说话的技巧。如果话说得恰到好处，那么即使是拒绝了别人也不会让对方生气，搞得彼此尴尬。

学会委婉地说"不"

若别人有求于你，而你出于各种原因却不能接受，又不能直接拒绝，怕因此伤害对方的自尊心；若对方提出一些看法，你不同意，既不想讲违心之言，直接反驳又不合人情；若你看不惯对方的行为，既想透露内心的真情，又想尽力委婉，以免刺激对方。要想处理好上述社交中经常出现的情况，就要学会巧妙、委婉地拒绝，见机行事。

1. 假托直言

直言是对人信任的标志。但是多数情况下，直言因逆耳而不能收到预期的效果。在这种情况下，要拒绝、制止或反对对方的某些要求、行为时，可以用一些不受自己控制的理由来回绝，这样对方就容易接受。例如，某报社的推销员登门要你订阅他们发行的报纸，可你不想订阅。你可以彬彬有礼地说："谢谢。你们的服务很周到，但是，报纸我们真的已经有很多了，请谅解。"

2. 反复申诉

你到商店去买东西，由于购物的人多，售货员一时疏忽少找了钱。你向售货员提出后，售货员因记不清而引起了纠纷。这时你要以一种平静的声音诉说她是如何少找给你钱的，直到弄清事情的来龙去脉。下面这段店员和买主的对话就是一个很好的例子。

买主：小姐，你少找给我 10 元钱。

店员：不会吧，钱款可是当面点清了的。

买主：我相信你们总是这样做的，可是这次你真的少找钱了。

店员：你有发货票吗？

买主：有（拿出发货票），你看，就是差了 10 元钱。

店员：（看发货票）两双儿童靴，是吧？

买主：不错，你再算算，就是差 10 元钱。

店员：是不是在你的衣袋里面？你是不是掉在哪儿了？

买主：不会的，我没动地方。口袋真的已经掏干净了。

店员：现在没法结算，等后面打烊时我们结算，你来一趟好吗？

买主：好，到时你一定能发现的。

3. 模糊应对

如果由于某种原因不愿意或不便于把自己的真实想法告诉对方，便只能模糊地应对对方。

在医院里，一位重症病人咨询医生说："我的病是不是很严重，还有康复的希望吗？"

医生回答："你的病确实不轻，但是经过治疗，安心养病，慢慢会好的。"

这里的"慢慢会好"就是模糊语言。这"慢慢"是多久，是说不清的，但这恰好给病人以希望，而希望便是给病人的最大的安慰。

4.热情应对

热情地表示希望能帮助到别人，并表示同情，可实际上是心有余而力不足，请对方谅解，而不是直接拒绝。这也是一个比较好的办法。

客户要求电信局安装市内住宅电话，由于供不应求，无法一一满足，却又不能完全回绝客户。回答时，应表示同情，并热情地说："满足客户的要求是我们应尽的责任，可是由于客户需求量太大，还不能全部解决，我们正创造条件，请你耐心等待。"

5.旁逸斜出

对对方提出的问题给予回避性的回答，就避免了直接去否定对方。例如，星期天你的妻子说："我想让你陪我去看话剧。"而你不愿去，可以说："去看电影怎么样？"这种方式易使对方接受，对方也可能会同意你的意见。

该拒绝的时候别犹豫

有一个乐手，在一家酒吧工作。他嫌薪水低，打算辞去这份工作，但念及往时受对方照顾，不便断然辞去，便心生一计，先说些笑话，然后一本正经地说："要是能够帮助酒吧生意兴隆，即使奉献生命，在下也在所不辞。"

此时酒吧老板自然还是一副笑脸，乐手就立刻严肃起来："你觉得什么地方好笑？我知道你在笑我，你看扁我，不尊重我，咱们的协议就算了吧，再见！"这样，乐手假装生气，转身便走，老板不知该怎么办，虽生悔意，但为时已晚。

在生活中，面对不喜欢的对象，要乘其不备敲击他一下，以便打退对方。若缺乏机会，不妨参照上例，制造机会，先使对方兴高采烈，然后趁对方缺乏心理准备时，突然说出借口后离开，以此达到拒绝的目的。

日本教育家多湖辉曾讲过这样一件事：

在 20 世纪 60 年代的西方学生运动中，某大学的教室里正在上课，一群"学运"激进分子闯了进来，让教授不知所措。当着班上学生的面，教授想显示一点宽容和善解人意的风度，于是打算先让他们讲出观点后再来说服他们。结果与他的善良想法完全相反，学生们乘势向他提出许许多多的问题，彻底将课堂捣乱，再也上不成课了。并且这之后只要他上课就有激进派的学生出现在课堂上，这种情形一直延续了一年。

从这一教训中，教授明白，若无意接受对方，最好别想去说服对方。对方一开口就应该阻止他们："你们这是妨碍教学，离开我的教室，与课堂无关的事，让我们课后再说！"假如再发生一次同样的事，教授能否应付呢？就算他显示出了拒绝的态度，学生们也会与他争辩。如果一点也不去听学生的质问，一开始就掌握主动权，至少不会给对方以可乘之机，也不至于弄得一年时间都上不好课。

一位名叫金六郎的青年去拜访本田宗一郎，想出售自己的一块地。本田宗一郎很认真地听着金六郎的讲话，并一直沉默着。本田宗一郎听完金六郎的陈述后，并没有做出"买"或者"不买"的直接回答。他拿起桌上的一些纤维样的东西给金六郎看，并说："你认识这件东西吗？"

"不认识。"金六朗回答。

"这是一种新型材料，我想用它来做本田宗一郎汽车的外壳。"本田宗一郎详详细细地向金六郎讲述了一遍，不知不觉就过了十五分钟。他谈了这种新型汽车制造材料的来历和好处，又诚诚恳恳地讲了明年他的汽车计划进行何种新的设计。金六郎根本就不清楚这些东西，但感到十分愉快。

在本田宗一郎送走金六郎时，才顺便说了一句：对他的地不感兴趣。

如果本田宗一郎一开始就将自己的想法告诉金六郎，金六郎一定会问到底，并想方设法劝说本田宗一郎，让他买下这块地。本田宗一郎不直接言明的理由正是如此，他不想与金六郎为此争辩什么。因此，想要拒绝别人，就应尽量用不触及话题的内容去回避。

第八章

情商高，一开口就能说服任何人

说服是一项艰巨的任务

在人际交往中，说服伴随着我们的生活。比如，父母说服自己的孩子学钢琴、学外语；老师说服学生回家少看电视；干部说服群众遵守日常规章制度；营业员说服顾客购买自己店里的商品；等等。说服别人转变已有的看法虽很有意义，但也不容易。

那么说服的过程要注意什么呢？

首先，要让对方信任自己，这是进行说服的基础。如果你在对方心目中可信度不高，说服就没有分量，那么说服就不会成功。

其次，说服要有所指。说话要说到对方的心里去，这样说服才会有效果，也是成功说服的关键。

说服方法具体来说有以下几种：

1. 以退为进

说服是要坚持原则的，但是，如果以为只进不退才是坚持原则，这是不妥当的。局部的后退是为了全局的进攻，适当的退让会使对方感到你是通情达理的。这将为你进一步说服创造成功的条件。

2. 逐步递进法

一个聪明的妻子要说服丈夫戒烟，先说服他把每天抽两包以上减为每天一包，之后再说服他两天抽一包，直至完全戒烟。 如果期望目标过高，实现起来难度就增加了很多。 可以把它分解成几个小目标，逐步递进，这样对方比较容易接受，效果反而会显著很多。

3. 正反论证法

说理比较透彻、全面，可以赢得被说服者的信任。 同时也恰巧反驳了对立的观点，在逻辑上更显得无懈可击，也更具说服力。

4. 情感激励法

比如，学校决定把疏通校园角落臭水的任务交给某年级三班，这个任务可想而知很艰难，三班同学对此意见很多。 怎样才能说服他们呢？

班主任可以这么说："校方之所以把这么艰巨的任务交给我们，是因为我们班是全校闻名的'文明班级'，每次检查都得满分。 我相信，我们这次一定也不会辜负校方的期望，出色地完成任务！"很显然，这样不仅激起了同学们劳动的积极性，也燃起了他们的热情，从而达到了班主任说服的目的。

抓住说服的最佳时机

人的心理反映在客观现实中，外界的突然刺激会引起人的心理变化。这时人们往往情绪反应强烈，特别是年轻人更极易冲动。缺乏理智，情感的潮水会漫过理智的堤坝，在激情的驱使下会做出后悔莫及的过火行为。

及时抓住情绪所产生的强烈波动，在即将导致不正常行为的时候予以制止说服。说明利害得失，对方就会受到震动，恢复理智，幡然醒悟。而过早地进行说服，会被对方认为神经过敏或无中生有。过晚地进行说服教育，也易被对方看成"事后诸葛"，或秋后算账，都不能收到好的效果。

一般来说，人们在面临工作调动、毕业、入党入团、家庭事件、婚恋受挫、升职加薪、意外事故、购买住房、子女就业、退伍回乡、请假探家、负伤患病等情况时，极容易产生思想波动，这正是进行说服的良好时机，在这种时刻要及时劝导、提醒，达到最优化的说服效果。

想要判断说服的时机是否恰当，可以通过观察对方的情绪表现进行判断。如果对方心平气和，并且表现出的情绪极为平静，这往往说明时机较为合适。如果发现对方表现出反感和对立情绪，我们除了检查谈话方法及自己的态度正确与否外，还应考虑谈话的时机是否恰当，以免造成不利的后果。这时，我们应积极观察，或者采取恰当措施，创造有利的时机，使说服获得成功。

实际上，最佳时机法所强调的最佳时机，并没有具体要求，也不排除上面事例中所展示的模式，这就要求我们在具体情况下从说服的目的出发，针对对方的思想状态和心理特点，自己揣摩和把握，从而达到成功说服的目的。

只要我们具有敏锐的观察力和灵活的思维能力，我们的说服工作就会像杜甫诗句中的"好雨知时节"那样，恰到好处地滋润人们的心田，使说服工作更加顺利。

说服要对症下药

在现实生活中，因为人们所处的社会地位不同，家庭环境、社会背景、文化水平、心理素质、性格特征、兴趣爱好也各不相同，所以使人们产生了层次的划分。

说服时只有根据具体的情况随机应变，有针对性地开启对方的心扉，对症下药，才能产生情感和心灵真正的共鸣。

1. 要了解对方的心理需要

从性质上看，心理需要可以分为合理和不合理两种。其中，合理的需要又分为能解决和不能解决两种。有这么多不同的类型，决定了说服者必须坚持这样一些原则：对于合理的需要，我们要通过说服的方法，帮助对方寻找一条能满足合理需要的理想途径；对那些虽然合理但暂时无法满足的需要，就要对其做出解释，给予精神上的鼓励和安慰；而对于那些不合理的需要，就要用说服的方法加以引导，使其不合理的需要得到遏制，并最终放弃。

对人的需要进行级别划分更为复杂。美国心理学家马斯洛认为人的需要可以分为五个级别：一是生理的需要，二是安全的需要，三是归属和爱的需要，四是尊重的需要，五是自我实现的需要。

马斯洛的需要划分启示我们，在进行劝导说服的时候，要根据个人需要，考虑不同的情况，因人而异，这样才能更好地实现说服的效果。

2. 要针对说服对象不同的性格特征，采取不同的说服方式

对性格刚毅的人，要采取温和的方式；对足智多谋的人，要用平易的方法从善良方面引导；对勇敢、坚毅但却有些暴戾的人，就要劝导他不要走歪门邪道；对机灵、活跃的人，要对他的行为加以约束；对心胸狭隘的人，就得开阔其胸襟，使之宽宏大度；对缺乏远大志向的人，就要激发他的远大志向；对平庸而散漫的人，要通过师友来管束。只有真正做到因人施教，这样才能牵人之心，启人之志。

3. 要根据说服对象的年龄而采取不同的方式

一般来说，更多的老年人希望得到人们的尊重，应该用回忆以前的美好往事的方法来加以引导；在说服中年人时可直接和他就事论理地交谈；在说服青年人时，宜多用名人名言或引经据典，寓情于理地来说服。

4. 要注意说服对象的文化程度

对知识分子进行说服，宜采取说理的方式，有些话无须说尽，要给对方留有思考的余地；对文化程度较低的人，则应以动情为主，采用通俗易懂、生动形象的方式。

宽容大度是说服者的必备素质

人们故意给别人找碴、出难题，或者自己犯了错误，内心深处都会感到不安和内疚。如果我们这时与之针锋相对、以牙还牙，或者一味训斥、严厉指责，就会加剧对方的反叛心理并激化对立情绪，使对方丧失对我们的信任，说服工作就会走入"死胡同"。

相反的，我们在此时以宽容之心待之，不是一味批评，而是允许对方犯错误，并以自身言行去感化对方，这时对方一定会产生强烈的感激之情，从而主动认识到自己的错误，接受我们的劝导和说服。

在对方无理取闹时，除了必要的还击或批评外，宽容大度无疑是一种更高明、更有效的说服方式。

具体来说，宽容大度一般体现在以下几个方面：

（1）在对方为难、挑衅时，表现出高姿态，晓以大义，使对方能够主动反省。

（2）在非原则性冲突中或因个人利益而产生纷争时，要学会忍让，善于妥协，宽容待人。

（3）在他人疏忽大意犯错时，要以大局为重，不应过多计较。

（4）在遇到对方失去理智无礼冒犯的特殊情况时，应当宽容谅解。

（5）对于我们曾经的反对者或犯过错误的人，应该不计前嫌，宽容大度。

（6）从团结友爱、互助交好的角度出发，替对方隐恶扬善。

所以，要深刻认识"宽容大度"与待人处世的正确关系，要明白，它绝不是用来笼络人心的一种权术，而是用来培养豁达胸怀的一种方法。我们在工作中如能真正做到宽容大度，就能达到与人为善、团结大众的目的。

当然，强调宽容大度，绝不是主张不讲原则或一味地退让、放纵。对那些歪风邪气，我们绝不能姑息养奸，一定要严惩，这是毫无疑问的。

现身说服，感情真挚

对于说服对象来说，榜样与具体事例是真实的、可学的，会使他们认识到："他说的都是自己的真事和经验之谈，我应该认真借鉴才是。"这种观念一旦树立，就会产生一种积极的效仿他人的精神需要。

现身说服，感情真挚而发人深省，态度殷切而意味深长，能够拉近主客体之间的心理距离，具有通感性。如果运用恰当，会使说服对象的心灵产生高频率的振动，容易引起双方强烈的情感共鸣，进而实现主客体之间的心灵沟通。

在运用现身说服这个方法时，要注意的是说服者所讲的事情必须是自己亲身经历的，并且包含自己真实的切身体验，只有这样才能从中提炼出动人心弦、开人心窍的哲理。然后，才能再用这抽象的生活哲理去引导别人摆脱眼下的困境。

运用现身说服，还要注意一点，即讲述的个人经历，必须与说服对象目前所处的困境有相同或相似之处，或者在本质上有必然的联系。这样才能使二者具有可比性，前者领悟出来的道理，对后者来说才有价值。否则，对方会认为你述说的经历以及领悟的道理与他没有丝毫联系，那就起不到说服的作用。

当然，运用现身说服，并不需要对自己的经历进行详尽的回顾，最关键的是要把解决类似问题的方法介绍给对方，使之简明扼要地呈现在说服对象面前，这是现身说服的根本环节。紧紧抓住这个环节，之后所进行的说服才会有感召力，才能令人信服。

运用现身方式进行说服，谈的都是说服者自身的经历和体会，其最终目的是以此激励和鞭策对方。因而要求态度要亲切自然、坦率诚恳，让对方在自觉的比较中产生心灵上的共鸣，愉快地接受你的说服。千万不能在对方面前故意借机炫耀自己的"光荣历史"，给人留下一种自我吹嘘与标榜的坏印象。

　　如果故意地炫耀自己的功绩和优点，借此来贬低和挖苦对方的缺点和不足，只会引起对方的厌恶，这根本不是在说服对方。

树标说服，生动形象

树标说服，就是根据人们善于模仿的心理特点，在说服过程中给对方树立一些鲜明具体、生动形象的好榜样，从而进行生动形象的感知教育，使说服对象能够比有样板，学有榜样，赶有目标，超有方向。 这比单纯的说服教育更具有感召力，更容易引起对方的感情共鸣，给人以激励和鞭策，激发他们模仿和追赶的愿望。

心理学研究表明，当一个人感知到别人的行为时，就会产生进行同一行为的愿望，这样就产生了模仿。 当看见别人做好事时，自己也会想去尝试，一旦这种从善的心理发展为从善的信念，进而升华为从善的意志，就很容易产生从善的行为。

通常来说，人们并不认为自己的大多数行为是受人指使或受人引导的，因为人们丝毫察觉不到别人的行为对自己造成的影响。

当然，这种善于模仿的特性，决定了在模仿他人的良好行为时，也容易受到不良行为的影响。 许多年轻人看了暴力电影和淫秽书籍，往往误入迷途，导致犯罪，这就是一个有力的证明。 所以，在说服中有意识地运用心理学中有关模仿的心理特征，采用树立榜样的方法，用典型来做引导，激发说服对象积极的模仿意识，有着十分重要的意义。

树标说服，可以从正反两个方面列举大量古今中外的典型事例，来启发引导和制止约束说服对象的思想行为。 用正面的典型事例，对说服对象的思想行为进行正面、积极的诱导；借反面典型，给说服对象的思想行为以约束和制止。

中国有句古语，"人往高处走，水往低处流"。 一般来说，每个人都希望成为受人尊敬、对社会有益的人，很少有人愿意自甘堕落。 因此，在讲正面例子时，要讲得生动形象、鲜明具体，能够扣人心弦，让正面形象深深印刻在说服对象心中，直至征服他。 但要注意不能脱离客观事实而随意夸张放大。

在讲反面例子给以劝诫时，切忌对恶人恶行津津乐道、叙述详尽。 换句话说就是，讲解反面例子宜粗不宜细，不是单纯的侧重于对犯罪行为的描述，而应该侧重于讲述过程的分析环节，分析要有批判性，态度和观点要鲜明正确，以防产生消极影响。

唤醒说服在于有意引导

　　人的正确的自我意识并不是与生俱来的。 一方面，人们通过不断地进行实践和学习来获得正确的自我意识；另一方面，则依赖于他人的引导。 这种"引导"其实就是运用心理学上所说"意识唤醒"的方法，促使外因通过内因起作用的过程。 把这种外因作用置于言语交际的方面，实际上是为我们提供了一种新的说服的方法——唤醒说服。

　　一般来说，运用唤醒说服可从以下几个方面入手：

　　1. 唤醒年龄的特征意识

　　人到了某个年龄阶段就该出现相应的心理特征，但有的人却迟迟表现不出来。 这时，只要你稍加引导，他就有可能会醒悟，甚至可能会产生心理意识的飞跃。

　　2. 唤醒性别特征意识

　　不同性别的人具有不同的自我心理意识。 然而，有些人却缺乏这种自我意识。 善于做引导工作的人，就会抓住这个时机，从唤醒对方性别特征意识的角度加以引导，使之产生心理上的飞跃。

　　3. 唤醒角色心理意识

　　在社会生活这个大舞台上，每个人都充当着一定的角色。当人充当着某种角色，角色发生转换或被赋予某种特殊角色时，总是会产生特定的角色心理意识。

4.唤醒社会责任意识

社会生活中的每一个人，在享受着各种各样权利的同时也承担着相应的社会责任。有些人意识不到他必须承担的某些社会责任，可以从唤醒对方的社会责任意识入手，通过引导，使之明白自己的社会责任，并担负起应尽的义务。

5.唤醒自我价值意识

每个人都有希望别人尊重自己的言行，自觉维护自身荣誉和社会地位的自我意识倾向，这是一个人对需要实现自我价值的迫切反映。它是一种与自信心、进取心、责任心、荣誉感密切相连的积极的心理品质。

古人云："水激石则鸣，人激志则宏。"善于做说服工作的人，总是能够唤醒对方迫切希望实现自我价值的潜意识和强烈的自尊心，从而将之转化为巨大的精神力量。

综上所述，可以看出，唤醒说服在言语交际中的主要功能是通过语言这个外因激发出对方潜意识中的"良知"，使之认识到自己年龄的、性别的、角色的心理意识特征，意识到自己的社会责任和自我价值，从而促使其通过自我批评、自我监督、自我鼓励、自我修养，不断地自我完善，在认识上达到一个新境界。

总而言之，唤醒说服这种激发心理潜意识的说服艺术，在人的言语交际中，具有很强的实用性。

借物说服，水到渠成

借助于某种事物进行劝导说服的方法，称为借物说服。

它们的关系是：物教引导言教，言教是物教的升华。物教为言教提供了具体可感的实践根据和物质条件，言教为物教的发展和深化做了抽象的理论概括，是物教内在哲理的进一步升华。物教是形象化了的言教，言教是抽象化了的物教。

运用借物方式进行说服，一般的过程是：先借物，后说服。借物的过程，就是确定说服主题思想的过程。借物的过程一完成，应该立刻顺水推舟地转移到主题上来，使得所借之物的含义与说服的道理融会贯通、顺理成章。这样，所借之物才能更好地为说服服务。否则，所借之物与说服时所表述的思想观点没有丝毫联系，形成了"两张皮"，那就失去了借鉴的价值，甚至有画蛇添足之感。

在所有借物说服的例子中，最典型的要数孟母教子。早在两千多年前，就为我们树立了"子不学，断机杼"的典范。她运用借物说服，使得孟子感悟至深，从此跟随子思，发奋图强，努力学习，终于成了一个大学问家。

孟母断机劝学的故事，千百年来一直被传承下来。母亲作为孩子人生中的第一任老师，对于孩子的成长起着巨大的作用。多少年来，人们在谈论家庭教育，尤其是谈到母教时，都会列举此例，夸赞孟母教子有方。

但是，仁者见仁，智者见智，从思想教育方法论的角度，我们看到的却是孟母高超的说服艺术。她用借物方式劝导孟子学习，给枯燥抽象的说服教育赋予了易于感知的形象性，加重了说理的分量，使说服对象顺物而明理，受理而感化。这在说服艺术的历史上，真是一个杰出的典范。

借物说服的实践经验告诉我们：借物说服成败的关键，在于能否找到一个可以借以说理之物。孟母说服儿子不要荒废学业，找到了一个能够表达说服思想的"机杼"，因此，才取得了理想的说服效果。孟母借助"断机"，引出"中途辍学，难成有用之才"的说服思想。

这种说服之所以能够成功，就在于说服者巧妙地把"借物"与"说服"两者融为一体，彼此相得益彰，使得借物说理的过程自然过渡，水到渠成。所借之物形象具体，所论之理抽象概括，事物与道理，浑然天成。

因此，在运用借物说服法之前，一定要有充分的准备过程，要从纷繁复杂的现实生活中，选取最能够表达说服思想的事物，将之与自己的说服思想结合起来，使二者天衣无缝，说服时才不留痕迹。

亲和力是说服人的利器

　　玫琳凯是一家知名的化妆品公司。为了扩大公司产品的影响，玫琳凯·艾施女士自己用的化妆品都是由本公司生产的。她也不建议公司职员使用其他公司的化妆品，因为，她不能理解凯迪拉克轿车的推销员开着福特轿车四处游说，人寿保险公司的经理自己却不参加保险的事。那么，她是如何把这一观念灌输给她的员工们的呢？

　　有一次，她发现一位职员正在使用另外一家公司生产的粉盒及唇膏。她乘机走上前去，微笑着说道："老天爷，你在干吗？你不会是在公司里使用其他公司的产品吧？"

　　她说话语气亲切，脸上洋溢着微笑，那位职员的脸微微地红了。几天后，玫琳凯·艾施送给那位职员一套公司的口红和眼影膏，并对她说："如果在使用过程中发现任何问题，欢迎你及时告诉我。先谢谢你了。"

　　再后来，公司的新老员工都有了一整套本公司生产的适合自己的化妆品和护肤品。玫琳凯·艾施女士亲自进行了详细的使用示范。她还告诉她们：以后，员工在购买公司的化妆品时，可以享受优惠。

　　玫琳凯·艾施亲和的态度，友善的话语，使她自然而然地与员工打成一片，并且成功地灌输了她的经营理念。